U0560665

感谢 Sharp Electronics Italia 股份公司对本次出版的贡献

作者简介

傅马利（Pier Francesco Fumagalli），意大利米兰昂布罗修图书馆前副馆长、东方研究部前主任。他早先学习希伯来文、阿拉伯文，之后学习中文，在古代西亚两河流域文化、希伯来文化和埃及文化等方面均有研究性成果。作者长期致力于中意文化交流与合作，多次到中国一流高校开展学术讲座。

中華譯學館

莫言題

中华译学馆宗旨

以中华为根 译与学并重
弘扬优秀文化 促进中外交流
拓展精神疆域 驱动思想创新

丁酉年冬月 许钧撰 罗卫东书

中華譯學館·出版史系列

美学、科学与信仰

昂布罗修图书馆跨越400年的探索

ESTETICA, SCIENZA E FEDE

400 ANNI DELL'ESPLORAZIONE DELLA BIBLIOTECA AMBROSIANA

[意] 傅马利 著　文铮　张羽扬 译

ZHEJIANG UNIVERSITY PRESS
浙江大学出版社
·杭州·

昂布罗修图书馆

1607 年，米兰枢机主教费德里科 · 博罗梅奥（1564—1631）创立了昂布罗修图书馆，该图书馆是欧洲最早向公众开放的图书馆之一。它的创始人将其设想为研究和文化中心。通过他的努力，图书馆的其他机构也蓬勃发展，如博士院（Collegio dei Dottori，1607）、美术馆（Pinacoteca，1618）以及教授绘画、雕塑和建筑的绘画学院（Accademia del Disegno，1620）。

博罗梅奥赋予了图书馆多元的文化特征，提倡不同文化之间的对话。他认为，关于其他文化和信仰的书籍也可以给人们带来许多好处，让人们了解许多既美丽又非常有益的事物。

昂布罗修图书馆是一个名副其实的知识宝库，它的藏书极为丰富，涉及哲学、基督教神学和其他宗教（尤其是伊斯兰教和犹太教）的文本以及范围广泛的古代和现代文献。人们可以在这里找寻始终吸引着人类灵魂的真理。

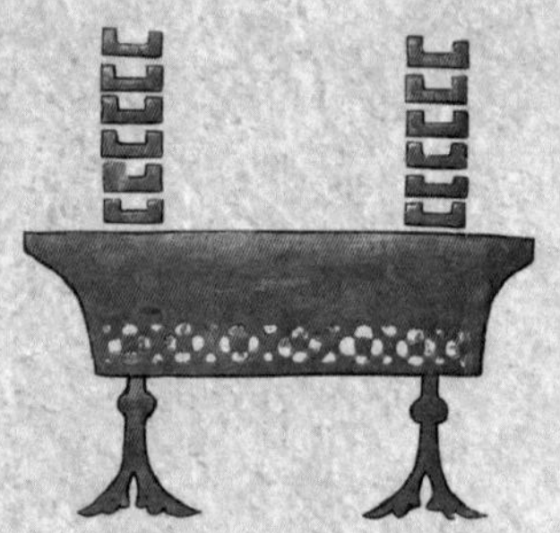

昂布罗修，一座并不单纯的“图书馆”

意式书院

昂布罗修图书馆，虽然冠以“图书馆”之名，但其实质内涵比狭义的“图书馆”丰富得多，职能涵盖图书馆、画廊、学院、博物馆等。究其实质，其功能更加接近中国古代的“书院”，兼具藏书、传道、研究学问之用。

从西方古代文明与现代文明的视角出发，西方意义上的“图书馆”从成立之初便兼具多项功能，例如，托勒密一世（约前367—前283）时期建立的亚历山大图书馆，包含学院和画廊。1602年成立的牛津大学博德利图书馆，还进行着有关社会、政治、文化的研究。

昂布罗修图书馆始建于文艺复兴时期的意大利米兰，当时，佛罗伦萨、罗马、威尼斯、米兰等地是欧洲重要的科学与艺术中心。

在那个属于米开朗琪罗、拉斐尔、提香和达·芬奇的时代，科学与文艺是不分家的。因此，建设于这个时期的昂布罗修图书馆还进行着科学研究，其研究涉及地理、哲学、政治、文学、宗教和美学等诸多领域。

时至今日，始建于意大利文艺复兴时期的其他同类型的图书馆都已成为当地大学或国家机构的一部分，如都灵大学图书馆、米兰布雷顿斯国立图书馆以及佛罗伦萨国立中央图书馆。而昂布罗修图书馆的特殊性，正在于它历经4个世纪依然保持着自身的独立性，是一座兼具古代与现代文明特征的“书院”。

爱与希望：大师作品带来跨越时空的感动

爱，是昂布罗修图书馆在创立之初便被赋予的主题之一。在昂布罗修图书馆网站的简介里，有这样一段话：在超过400年的岁月里，我们一直致力于一件具有当代意义的任务：为了人类与全社会的福祉，传播“真实之爱”与“大美之爱”。

昂布罗修图书馆于17世纪意大利文艺复兴的高潮时期诞生，这与其时代背景有着密不可分的联系。在以“人”为中心的时代浪潮下，要求个性解放的声音推动艺术家们创作出了一批体现世俗之爱与人性之爱的作品。在昂布罗修图书馆的画廊中，即收藏着一批这一时期艺术大师们的杰出画作，包括达·芬奇的《音乐家肖像》、拉斐尔的《雅典学院》壁画底图、卡拉瓦乔的《水果篮》等。据统计，昂布罗修图书馆所收藏的各个时期的大师们的绘画作品超过1.2万件。即便经过了4个多世纪岁月的洗礼，这些大师的作品依然熠熠生辉。

2017年，米兰大主教德尔毕尼在给昂布罗修图书馆的致辞中写道：希望是精力、灵感、热情的根源。在昂布罗修图书馆建立之初，“希望”一词就深深铭刻在其使命之上。昂布罗修图书馆的职责是致力于传统文化的相遇，服务于全人类。正是因为这种信仰，我们才拥有希望……。因此，自创立以来，昂布罗修图书馆没有故步自封，也没有偏安一隅，而是始终保持着一个“世界大同”的美好希望，不断加深对世界各地文化的研究，在其馆藏作品中，包括超过4万份意大利文、拉丁文、希腊文、阿拉伯文、叙利亚文、埃塞俄比亚文、中文等文字的手稿作品。

小扬 · 勃鲁盖尔，《伊甸园里的亚当和夏娃》（*Adamo ed Eva nel Paradiso Terrestre*），创作于1600—1624年

穿梭于中意之间的文化信使

在其超过400年的岁月里，昂布罗修图书馆收藏了无数大师作品，为我们带来跨越时空的感动；而傅马利博士穿梭于中意之间，为我们传递着有关爱与希望的讯息。

作为昂布罗修图书馆前副馆长和东方研究部前主任，傅马利博士对于东方文明有着一种近乎痴迷的喜爱，将其一生都奉献给了东西方文化交流事业。在与我的对话中，傅马利博士曾将中国形容为“从东方闪耀而来的光芒”，他向我如此描述：“从1970年至今，在超过50年的时间里，中意之间亲密而积极的关系，就像是一道光芒，照射进我的眼睛。我曾经到北京、杭州、香港、济南、南京、重庆和拉萨等多个中国城市访问和游历，其间的所见所闻给我留下了不可磨灭的印象。我所居住的城市米兰，它的‘心、头脑和眼睛’，也是一直朝向东方。从中世纪到现在，在马可 · 波罗、利玛窦、玄奘大师和郑和走过的道路上，‘一带一路’已经穿越了东西方文明，编织起了一张连接全球的网络。而在这个世界与时代的十字路口，中意之间的互助与沟通更是令人动容。”

在初次认识傅马利博士时，他给我的印象是博识、优雅、谦逊、随和。而在多次沟通之后，我对傅马利博士有了更加深刻的认识：在其儒雅的外表之下，潜藏着一种坚韧与坚持。在这27年间，傅马利博士就像一只在中意之间飞翔的信鸽，全心全意地投入推动中意文化交流的事业当中，从未停歇。也许他就像《阿飞正传》中的“无脚鸟”一样，在落地之前，将永远在风中飞翔。

阿尔弗雷德（Alfredo）

序言一

要理解傅马利博士这本书的宗旨和特色，我们必须从圣昂布罗修（339—397）和以他的名字命名的图书馆说起。

圣昂布罗修出生于罗马帝国时期高卢地区的一个掌管军务和行政的贵族家庭，从小接受优良的教育，喜欢东方文化。374年，圣昂布罗修成为意大利北部城市米兰的主教。他很熟悉古希腊的传统，对斐洛（约前15—约45）、普罗提诺（205—270）和奥利金（185—254）颇有研究，也熟悉同时代人圣瓦西里大帝（329—379）的著作。可以说，圣昂布罗修是一位学者型的教父，对意大利北部的基督教发展和文化传承有着重要的影响。正因为如此，1607年，米兰大主教费德里科·博罗梅奥在米兰兴建图书馆时，将其命名为“昂布罗修图书馆”（Biblioteca Ambrosiana）。

昂布罗修图书馆的创始人费德里科·博罗梅奥与利玛窦（1552—1610）和艾儒略（1582—1649）是同时代的人，也是文艺复兴晚期最著名的人文主义者之一。他主张将文艺复兴时期的理念融入人类智慧的三个基本组成部分——美学、科学和宗教中。他还主张加强与不同文化和宗教之间的对话，特别是与东方文化和宗教的对话。所以，他一生致力于为昂布罗修图书馆搜集东方各国的各种手稿和印刷品，语言文字包括阿拉伯文、亚美尼亚文、希伯来文、梵文、叙利亚文和中文等。

傅马利博士继承了图书馆一向重视东方文化的历史传统。他早先学习希伯来文、阿拉伯文，之后学习中文，几乎每年都往来于中国、日本、

BIBLIOTHECA AMBROSIANA
PIAZZA
SAN SEPOLCRO
passo
carrabile

昂布罗修图书馆外景

新加坡和中东地区。他在古代西亚两河流域文化、希伯来文化、波斯文化、埃及文化等方面都有研究性成果。傅马利博士还在昂布罗修图书馆长达7年的整修期中，带领东方研究部同仁精心整理和编目该馆收藏的涉及中国的图书资料。

2004年6月初，傅马利博士陪同我和我夫人参观了昂布罗修图书馆。傅马利博士向我们展示了艾儒略的《职方外纪》（1623年杭州印刷）的原稿，我深深地为首页那张折叠式的大开本《万国全图》所吸引。

我觉得，该馆不仅至今保持图书馆、美术馆、学院“三位一体”的风格，而且图书馆的研究员（即著名的昂布罗修博士）都是相关领域的专家，他们终身从事该领域的研究。

傅马利博士不仅继承了图书馆重视东方文化的传统，而且关注现代语境下东西方文化之间的关系，积极推动文明之间的和平相处与对话。可以断定，本着相互尊重、平等对话、求真务实的态度，一定可以找到不同文化之间和谐相处的机缘、切入点和协调一致之处。

2004年，傅马利博士（中间）在昂布罗修图书馆接待意大利总统

昂布罗修图书馆“伟大灵魂的庭院”

我相信本书的出版，符合这个时代的历史潮流，定能起到它应有的作用，因而获得读者的尊重，也让中外读者记住源远流长的昂布罗修图书馆有一个当代的费德里科·博罗梅奥！

陈村富

序言二

傅马利先生是意大利人，著名的历史学家和汉学家。他曾长期担任意大利米兰昂布罗修图书馆副馆长、东方研究部主任，不遗余力地推动东西方文化交流。近年来，昂布罗修图书馆每年都要邀请中国学者参加图书馆举办的学术会议和活动。他本人也几乎每年都来中国访问，与中国著名高校和科研机构的一些人文学者进行学术与文化交流。

从1998年9月15日到2018年10月1日，我在浙江大学和清华大学任教，有幸两次赴米兰参加学术会议，也在浙江大学和清华大学接待过傅马利先生的来访，与傅马利先生有过深入的交谈。尤其是在2016年9月，傅马利先生联系安排了“对话达·芬奇”的展览，在清华大学新开馆的艺术博物馆向中国人民首次展出了文艺复兴时期艺术巨匠达·芬奇的《大西洋古抄本》等60余件珍贵藏品。这次文化交流活动轰动了全国，对促进中国和意大利的人文交流起到了重要的推动作用。

昂布罗修图书馆埃塞德拉（Esedra）展厅

傅马利先生一直积极倡导东西方文化之间的平等交流。我们知道，在以往的中西文化交流史研究中有一个难解的症结，即文化交流的平等性问题。有些学者认定，以往的中西文化交流是不平等的，因而对中西文化交流的现状和前景始终不能摆脱“晚清知识分子因山河破碎所造成的在中西文化关系上的焦虑之感”“后来‘五四’精英们的那种紧张感”以及“‘五四’时期的那种东西方的二分法、非此即彼的文化态度”。[①]“在中国已被卷入经济全球化的今天，在中国作为一个民族国家已自立于世界民族之林的今天，在现代化已成为我们大部分现实生活的今天，19世纪以来的中国人的‘苦难情结’应该抛去，西方的‘强权霸语’应该结束。晚清以降的东西双方各自形成的‘西方观’和‘中国观’应该重新检讨。”[②]承认平等的中西文化交流的可能性能够引导我们思考和寻求中西文化会通与融合的新途径，也可以引导中外学者端正各自的文化心态。

是为序。

王晓朝

2019年3月22日于中山大学珠海校区榕园

---

① 张西平．中国与欧洲早期宗教和哲学交流史．北京：东方出版社，2001，第4页。

② 张西平．中国与欧洲早期宗教和哲学交流史．北京：东方出版社，2001，第8–9页。

目　录

CONTENTS

ESTETICA, SCIENZA E FEDE

400 ANNI DELL'ESPLORAZIONE DELLA

BIBLIOTECA AMBROSIANA

第一章

初 识

一、昂布罗修图书馆，米兰的中心地带

在罗马帝国晚期的四帝共治时期，米兰与罗马、君士坦丁堡和特里尔一起成为帝国的四大驻节地。特别是4世纪，也就是圣昂布罗修和圣奥古斯丁的时代，在瓦伦蒂尼安王朝（364—392）的统治下，这座城市成为沟通东部的希腊文化和西部的拉丁文化的纽带。

而昂布罗修图书馆的所在地，曾一度是罗马帝国时期米兰的城市广场。广场（55米×160米）是米兰的城市心脏、商业中心，也是米兰向世界开放的大门。在过去的两千年里，此处一直是米兰的中心。这里充满着传奇色彩，令人流连忘返；这

昂布罗修图书馆北入口处

里会唤醒人们对古罗马城市的记忆，会让人联想到耶路撒冷充满神秘色彩的圣墓教堂；这里建筑与宗教和谐地融为一体，信仰与文化、艺术与科学在此相互交融。

1595年，米兰枢机主教费德里科·博罗梅奥计划于米兰建立一个可以与欧洲最著名的学院——圣卢卡学院（Accademia di San Luca）比肩的多元文化中心，于是他选择了这个承载着千载记忆的地方。

二、费德里科·博罗梅奥，一位不能忽视的奠基人

费德里科·博罗梅奥于1564年出生于米兰，他的家庭在世俗和教会中都有一定的影响力。他在帕维亚学习神学和法律，并于21岁时前往罗马接受高等教育。从青年时代开始，费德里科·博罗梅奥就对书籍产生了浓厚的热情。在罗马，他深深感到梵蒂冈图书馆的重要性，这为他日后建立昂布罗修图书馆埋下了伏笔。他希望以科学知识和艺术为本，以服务宗教信仰为宗旨，建立一个平台，通过对话的方式来探讨现代文化。

博罗梅奥于1595年成为米兰大主教。在米兰时，博罗梅奥受到当地浓厚的人文主义传统的影响，对思想改革和科学研究持开放态度。他与来自罗马的知识精英们建立了友谊，从当时欧洲（如法国、英国、西班牙和意大利）最先进的艺术、最前沿的学术研究中汲取了养分，并借鉴了当时欧洲其他国家创办图书馆的做法。

1560年，在威尼斯，由意大利著名建筑师圣索维诺建造的

图书馆（即现在的圣马可图书馆）向公众开放，馆内收藏了枢机主教贝萨里翁的大量希腊文手抄本。

1563年，西班牙的菲利普二世开始建造埃斯科里亚尔建筑群。菲利普二世不惜花费重金在他的领土上搜寻和购买珍稀书籍，并在新建的埃斯科里亚尔皇宫建造了专门的图书馆。当1584年完工时，这一集修道院、宫殿、陵墓、教堂、图书馆、慈善堂、神学院、学校于一身的建筑群，让埃斯科里亚尔成为当时欧洲的文化中心，全欧洲最杰出的学者都会聚在这里，见证着一个属于西班牙帝国的伟大时代。

1598年，英国的托马斯·博德利爵士（1545—1613）向牛津大学提议重建学校被毁的图书馆，提议得到校方接受。博德利亲自监督改建工程，主持设计，广泛搜集图书，并捐赠了自己的藏书。1602年，经过4年努力，图书馆开放。这座图书馆后来被命名为博德利图书馆，是牛津大学最负盛名的图书馆之一。

博罗梅奥在筹建昂布罗修图书馆的过程中，充分借鉴了以上图书馆的做法和经验。

1603年6月30日，昂布罗修图书馆开始施工。为了筹集经费，1604年，博罗梅奥向教皇克莱门特八世展示了意在米兰创建一个大型图书馆的项目计划。同年，教皇克莱门特八世采纳了该项目计划，并拨出6000斯库多（scudi）[1]作为昂布罗修图书馆及其博士院[2]的创建经费。1607年9月7日，昂布罗修博士院及图书馆正式创建，以提供一种“面向全人类的服务”。1609年12月8日，图书馆对公众开放。1623年，伽利略称其为“不朽的图书馆”。

时至今日，昂布罗修图书馆仍然是世界上最重要的图书馆之一。它收藏了超过100万册图书（包括数千本古籍和可追溯到16世纪的图书），近4万份意大利文、拉丁文、希腊文、阿拉伯文、叙利亚文、埃塞俄比亚文（以及其他许多语言）手稿，1.2万幅画作（其中包括拉斐尔、提香、达·芬奇等大师的作品），2.2万幅版画，以及其他独特的稀有物品（旧地图、音乐手稿、羊皮纸和纸莎草纸）。

三、昂布罗修学院

实现美、真理及信仰的和谐与共鸣是一种理想，也是文艺复兴留给人们的美好设想。教皇格列高利十三世在1577年提议筹建圣卢卡学院。作为文艺复兴晚期最为著名的人文主义者之一，费德里科·博罗梅奥十分赞成该提议，是最早支持建立圣卢卡学院的人之一。

1595年，博罗梅奥作为大主教到米兰就任时，就已经决定参照佛罗伦萨和罗马的学院，在米兰建立一所类似的学院，以将其与规划中的图书馆联系起来。这个新学院，即后来的昂布罗修学院，将把美学规约、科学研究前沿与更为传统的历史、哲学研究熔于一炉，分为艺术学院（昂布罗修艺术学院）和学术研究学院（博士院）。

1.“美”的艺术学院

为了学院的发展，博罗梅奥于1618年将极为丰富的个人藏品赠予学院，其中包括拉斐尔、达·芬奇、提香、卡拉瓦乔等数百人的作品。同时，他还命令备受赞誉的、曾建造昂布罗修图书馆南部建筑的建筑大师法比奥·曼柯尼再为学院另造两座北厅（全部工作于1618年至1621年完成）。

昂布罗修艺术学院正式成立于1620年6月25日。建成之际曾有三位巨擘受到任命：乔瓦尼·巴蒂斯塔·克雷斯皮、乔瓦尼·安德烈·毕费及法比奥·曼柯尼。他们分别负责绘画、雕塑和建筑部分，第一批共有9位学员。1629年至1630年，瘟疫肆虐，在那个艰苦的时代，学院只得解散，后来演变为昂布罗修美术馆。

2.“科学”的学术研究学院

1668年，安东尼奥·布斯卡协同迪奥尼吉·布索拉重建学院，并于1670年制作了8座雕像，以代表昂布罗修学院的主要研究方向：语法、医学、数学、天文学、哲学、修辞学、神学和法学。

前文有提过，博士院自1607年昂布罗修图书馆正式创建之日起便存在了，并一直承担着学术研究的重任。

一开始，博士院的负责人每6个月轮换一次，后来，以5年为任期。博士院的成员是基于学术背景遴选的，由米兰枢机主教正式任命。时至今日，他们的日常活动包括：定期参与文化项目讨论、图书馆日常的学院会议，参加与国际学术机构交流的会议。当下共有9位博士，他们中有一些还是意大利的大学或国外大学的兼职教授，大多是艺术、希腊和拉丁文学、历史、意大利文学、近东和远东研究、哲学、斯拉夫语等领域的专家。

依循“术业有专攻”的理念，博士院坚持专业化的标准，这也是现代科学发展以及大学学术研究多样化发展的基础。博士院采用统筹全局的、务实的、不断更新的规章，使得昂布罗修学院能够不断自我革新，以应对政治与社会的变革，同时遵循学院的初衷，恪守提供公共服务的理念。

昂布罗修图书馆中制作于1670年的代表天文学研究方向的雕像

3. 昂布罗修学院的研究方向及科研成果

2008年，在米兰枢机主教迪奥尼吉·泰塔曼齐的主持下，建于1963年的圣卡洛·博罗梅奥学院（Accademia di San Carlo Borromeo）和建于2003年的圣安博学院（Accademia di Sant'Ambrogio）并入昂布罗修学院。现今，学院以下列8个研究方向为主导：博罗梅奥研究、昂布罗修研究、希腊语和拉丁语研究、意大利研究、斯拉夫语研究、远东研究、近东研究、非洲文学和文化研究。其中，对东方不同文化的研究，包含阿拉伯、亚美尼亚、中国、希伯来、日本、印度、波斯和叙利亚研究。昂布罗修学院从世界各地的大学教授中遴选成员，学院与博士院的联系通过一系列机制保持，例如，昂布罗修图书馆的馆长是学院的主席，每个研究方向的主任从博士院中选出。

学院的科学研究硕果累累，这也从侧面印证了学院的科研活动水平，同时，这也是昂布罗修存续4个世纪的不竭生命之源。想了解研究成果，我们仅需了解部分博士、馆长的姓名：卢多维科·安东尼奥·穆拉托里，意大利当代史学奠基人；安杰洛·梅，西塞罗《论宪法》（*De re publica*）的重写本的发现者；古叙利亚语专家安东尼奥·塞里亚尼和阿希尔·拉提（即后来的教皇庇护十一世）。他们经常在美术馆和博物馆举行的展览中出现，他们重点进行教会历史、古典学、文学、《圣经》和东方研究。

19世纪，在路易吉·格拉玛提卡、乔瓦尼·加尔比亚蒂、安吉洛·帕莱迪、恩里科·鲁道夫·加尔比亚蒂等多任馆长的带领下，昂布罗修图书馆编制了古籍目录和希腊文、希伯来文、阿拉伯文和波斯文手稿的目录。在继续编目的同时，四卷本《昂布罗修图书馆历史》（*Storia dell' Ambrosiana*）也已经出版。其他目录以及学院、美术馆、图书馆的最新相关信息可以通过网站（http://www.ambrosiana.it）获取。

四、昂布罗修美术馆

前文提到，1629年至1630年，瘟疫肆虐，昂布罗修艺术学院只得解散。继拿破仑的入驻与败落，来自意大利天文学家巴纳巴·奥里亚尼的一笔遗产，让古老玫瑰礼堂于1832年至1836年得以修复并被改造为昂布罗修美术馆，用于展示艺术学院的美术作品。

美术馆一直发展较快，相继收藏了拉斐尔、达·芬奇等艺术大师的作品。从创建初时拥有的250幅绘画发展到现在的包括木版画、油画和铜版画在内的各种形式的绘画作品1.2万幅。

拉斐尔，《雅典学院》（*The School of Athens*）的草图，创作于1509年

昂布罗修美术馆收藏的部分名画：

拉斐尔的《雅典学院》（*The School of Athens*）的草图、达·芬奇的《音乐家肖像》（*Portrait of a Musician*）、卡拉瓦乔的《水果篮》（*Basket of Fruit*）、提香的《巫师的膜拜》（*Adoration of the Magi*）、波提切利的《帘下的圣母》（*The Madonna of the

Pavilion）、扬·勃鲁盖尔的《瓶中花卉》（*Flowers in a Vase*）、安布罗焦·德·普雷迪斯的《贵夫人》（*Portrait of a Lady*）、雅各布·巴萨诺的《逃往埃及时的休息》（*The Rest on the Flight into Egypt*）、巴罗奇的《摇篮》（*Crib*）、卢伊尼的《神圣之家与圣徒安妮、约翰》（*The Holy Family with Saints Anne and John*）。

卡拉瓦乔，《水果篮》（*Basket of Fruit*），创作于1597—1600年

《水果篮》极有可能是1597年到1600年卡拉瓦乔在罗马期间，应费德里科·博罗梅奥要求所作，后者之后购入这一作品。卡拉瓦乔遵循了伦巴第大区的传统，聚焦物品，而并不描绘大背景的其他细枝末节。其静物画彰显勃勃生机，画作跃于苍白统一的背景之上，物与背景之间的联系已被切断。这一设计，也是为了给博罗梅奥的冥想、祈祷创造理想的视觉氛围。此外，博罗梅奥也对画作进行了阐释，他认为被虫子啃噬的水果、凋谢的叶片，都影射着生命的短暂特性。

昂布罗修图书馆除了具有图书馆、学院、美术馆的职能外，还兼具博物馆的身份。1751年，塞塔拉博物馆（意大利最早建立的博物馆之一）归入昂布罗修图书馆。

在昂布罗修图书馆不同的展室里，人们还可以发现一系列能够满足自己好奇心的藏品，比如拿破仑在滑铁卢时戴的手套、来自塞塔拉博物馆的浑天仪，或者卢克雷齐亚·博吉亚的一绺头发。许多著名诗人，如加布里埃尔和拜伦勋爵，已经从中汲取灵感。

卢克雷齐亚·博吉亚

教皇亚历山大六世与其情妇的女儿，三次嫁入权贵家族，被称为“罗马黑寡妇”（the Black Widow of Rome），每一次婚姻都帮助博吉亚家族拓展了政治权力。博吉亚家族在历史上臭名昭著，历史学家对卢克雷齐亚是否积极参与了家族罪行进行过辩论，关于她，也产生了无数的艺术作品、图书和电影。

五、综合文化体系

昂布罗修的相关计划，在一开始就提出需要有全球视野，要与意大利的主要文化机构、民间机构、当局进行合作。当下，综合文化体系的出现，推动了博士院、理事会、图书馆、美术馆、学院和费德里科·博罗梅奥基金会[3]之间的合作。人员的遴选与培养备受关注，筛选过程中求质不求量，工作高度专业化并负责机构的日常管理。

昂布罗修图书馆向世界上所有类似的研究机构、博物馆、艺术馆以及独立研究人员开放，他们可以直接在本机构所在地，或通过网络使用相关服务，而此类合作的范围仍在不断扩大。这一切的实现，得益于慷慨的资助机构的持续支持，其中，意大利伦巴第省储蓄银行为1986年至1996年的修复工程和后续的扩建工程提供了资金。最新研究包括恩里科·法萨纳的印度和东方系列藏品研究，以及乔治·梅里斯的中国研究。不论是在意大利，还是在整个世界，昂布罗修均受到公众、私人机构的广泛赞誉。

巴尔托洛梅奥·苏尔迪，《膜拜圣子》（*The Adoration*），创作于1490—1499年

ESTETICA, SCIENZA E FEDE

400 ANNI DELL'ESPLORAZIONE DELLA

BIBLIOTECA AMBROSIANA

第二章

收藏品代表

昂布罗修图书馆于1607年落成，或许它不是欧洲最古老的图书馆，但它一定是欧洲真正意义上最早建立的公共图书馆之一。图书馆收藏颇丰，有约4万份手稿。除手稿以外，自1607年起，昂布罗修图书馆也开始收购各国古籍以及诸多无价的文物。

从主教费德里科·博罗梅奥的信件中，我们可以得知，他曾派遣使者、发出信函，从世界各地购买书籍，购书范围延伸至阿拉伯、俄罗斯、印度、中国和日本；从信件里，我们也能得知曾有多少手稿和印刷品远涉千里，抵达米兰。其中包含一度被吉安·文琴佐·皮内利（1535—1601）收藏的《伊利亚特》

抄本，彼特拉克（1304—1374）收藏的《维吉尔》抄本，以及由阿拉伯生物学家阿尔·贾西斯所著、被誉为“动物学百科全书”的《书中的动物》抄本，艾如略绘制的世界地图《万国全图》副本，还有古老的《希伯来圣经》和《古兰经》抄本……这些抄本曾一度肩负着沟通不同文化和宗教的使命，推动了艺术家、科学家和信徒之间的交流。

以此类先驱性作品为基础，图书馆邀请了从事收集、编目和相关研究的各方专家在此开展工作，研究范围包括形象艺术、文学、印刷等领域；图书馆采用最先进的数字和媒体技术，并为专家的研究做宣传工作。昂布罗修图书馆声名远扬，许多捐赠者慕名而来，捐赠了大量珍贵藏品，如《大西洋古抄本》和《马可·波罗游记》抄本。

吉安·文琴佐·皮内利

居住在帕多瓦的热那亚人，拥有16世纪意大利最大的私人图书馆之一。在他去世时，图书馆拥有大约9000本书和大约1000份抄本，这可能是当时意大利最大的图书馆。

LVI

《伊利亚特》抄本第499页，奥德修斯跑完比赛并领奖

一、达·芬奇的《大西洋古抄本》[4]

几个世纪前，在米兰圣墓堂地下室昏暗的光线中，曾有一个耶稣受难像的复制品，从这件作品中我们可以感受到当时人们对复活奇迹的期待。圣嘉禄（1548—1608）曾来到此处，在祈祷和忏悔中度过许多夜晚。

达·芬奇也常常到此处整理思绪，绘制宗教、民用建筑草图，这些草图大多被收录于现保存在昂布罗修图书馆的《大西洋古抄本》之中。

《大西洋古抄本》(*Codex Atlanticus*)

达·芬奇诸多手稿集中最大的一部，因曾经的收藏者庞派奥·莱奥尼将该部分原稿粘贴在与地图集（Atlases)尺寸一致的大张的厚白纸上，故得名。该手稿集涵盖了达·芬奇的整个职业生涯，包含的类别非常广泛，有飞行、武器、乐器、数学、植物学等，让后人得以一窥达·芬奇多才多艺的思路。这部多样化的作品集揭示了达·芬奇许多创造性发明的草图及图解，比如降落伞、战争机器与液压泵。除此之外，该手稿中还包含精细的建筑草图与解剖学研究资料。

《大西洋古抄本》周围配有8个投掷器的机械草图 ▷

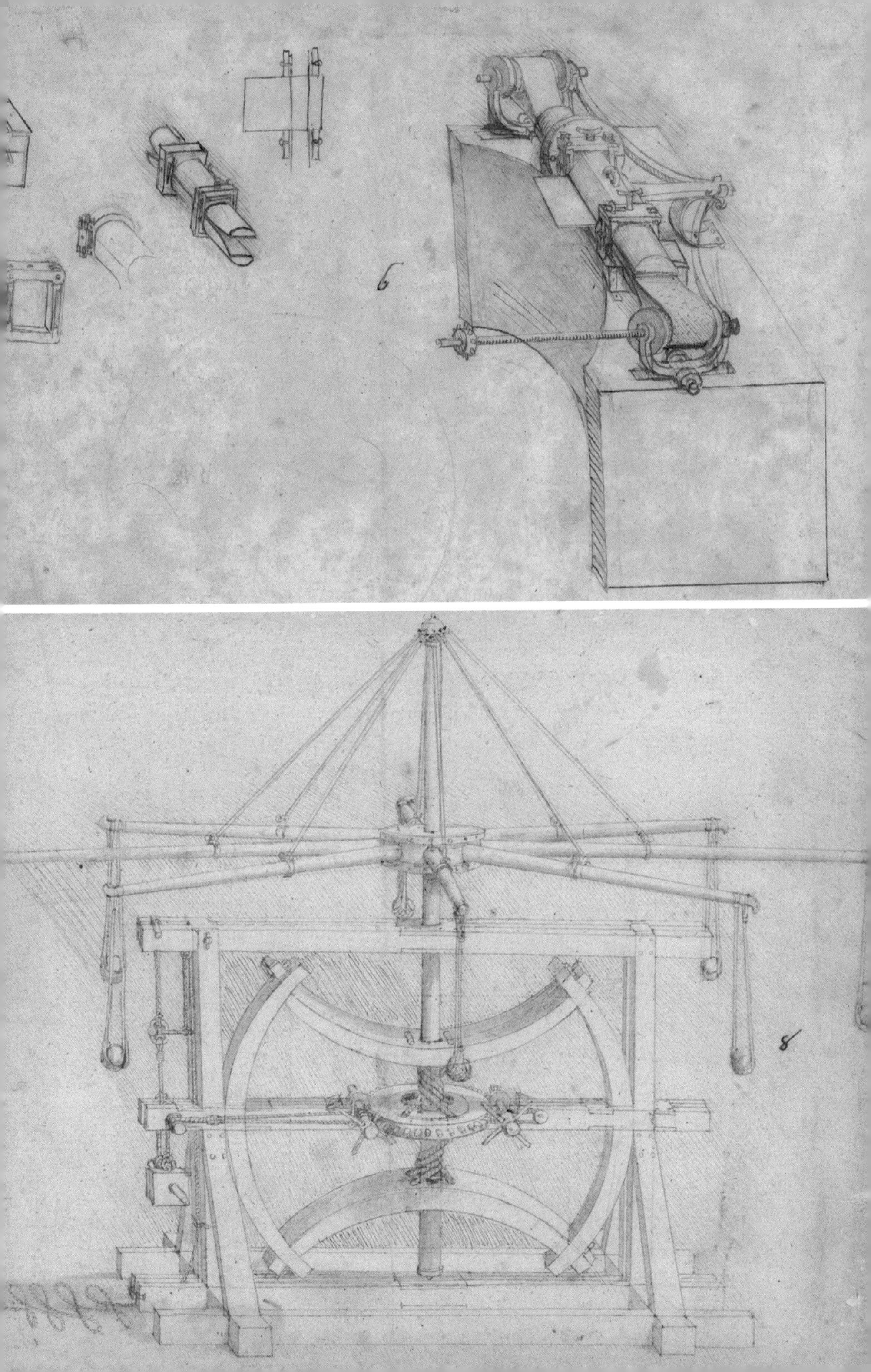
6
8

达·芬奇于1519年4月23日在法国克洛·吕斯城堡立下遗嘱，5月2日便与世长辞。他在遗嘱中把带到法国的笔记、草稿、工具及作品全部赠予爱徒弗朗切斯科·梅尔齐（1491—1570），后来弗朗切斯科依次将这些非凡艺术品，以及达·芬奇研究、写生用的材料带回了意大利，放在了他位于米兰附近的瓦普里奥的家里。在有生之年，这位达·芬奇的门徒倾其全力保护这些绝品。然而，当藏品落入其后嗣手中后，等待它们的却是错综复杂又难以预料的命运。

1. 投桃报李

1570年，弗朗切斯科·梅尔齐去世。他的儿子奥拉齐奥·梅尔齐继承了遗产。然而奥拉齐奥没有意识到达·芬奇作品的重要性，只是把它们扔在了阁楼上。因此，梅尔齐家的家庭教师莱利奥·加瓦尔迪很容易就得到了达·芬奇的十三卷手稿。他曾秘密计划把它们卖给弗朗切斯科·德·美第奇，一位托斯卡纳的大公，同时也是著名的收藏家及精致艺术品的爱好者。1587年大公辞世，加瓦尔迪牟取暴利的企图暂时落败。然而，他并未停止寻找其他兜售手稿的渠道，以获取财富。

加瓦尔迪曾游历至比萨城。在逗留于比萨城的日子里，加瓦尔迪凑巧联系到了昂布罗焦·马赞塔，一位来自米兰显赫家族的年轻学生。昂布罗焦·马赞塔在其回忆录（现藏于昂布罗修图书馆）中提及他是怎样劝服加瓦尔迪的：他反复强调加瓦尔迪私藏手稿的行为是非法的，并劝说他应该把它们送还给梅尔齐家族。之后，加瓦尔迪遵守承诺，将达·芬奇十三卷手稿交还给了梅尔齐家族的合法继承人奥拉齐奥·梅尔齐。就这样，昂布罗焦·马赞塔让手稿完整地物归原主。为了报偿他在此期间所历经的波折以及他的义气之举，奥拉齐奥·梅尔齐将这十三卷手稿连同其他达·芬奇的手绘作品一同赠予了昂布罗焦·马赞塔。

2.从中作梗

奥拉齐奥·梅尔齐将达·芬奇的十三卷手稿及其他手绘作品慷慨赠予马赞塔的新闻不胫而走，有数位竭力搜寻达·芬奇传世之宝的收藏者认为奥拉齐奥并不了解这些作品的艺术价值。他们想方设法获取达·芬奇工作室的画稿及其他用来临摹的珍贵静物，著名雕塑家庞派奥·莱奥尼就是其中之一。

受西班牙国王菲利普二世（他也是一位收藏家）之托，庞派奥·莱奥尼试图说服奥拉齐奥·梅尔齐向马赞塔讨回赠品。莱奥尼还暗示奥拉齐奥·梅尔齐，如果他能将达·芬奇手稿转赠给菲利普二世，则国王极有可能鼎力相助，为其在米兰上议院谋到一个重要席位。

最终，莱奥尼获得了达·芬奇的七卷手稿，后来他又收集了三卷手稿。就这样，他成了达·芬奇作品的主要收藏者。

3.继续漂泊

之后，莱奥尼采用了字母数列化的方法，对手稿的各个卷宗、练习簿、笔记进行编目。然而，由于文件的数目远远超过字母数，莱奥尼只好用二位字母为文件编号。莱奥尼自己也收藏了达·芬奇的大约2000张草图和笔记手稿。他决定整理好这些作品，并将其收录在两份收集簿内。为了统一尺寸，莱奥尼大胆地裁剪了很多单页，结果反而导致各个单页的形状错综不一，比如第一卷（名为《列奥纳多·达·芬奇手绘——庞派奥·莱奥尼修复》，其中包括以解剖学和传统艺术为主题的绘画作品）。我们现在所知道的“温莎藏品”（Windsor Collection，因收藏于英国的温莎城堡而得名），就是从第一卷中抽取出来的。第二卷，即我们所熟知的《大西洋古抄本》（现收藏于昂布罗修图书馆），主要包括以机械和几何为主题的绘画和笔记，共1119页。

莱奥尼去世五年之后，他的儿子巴蒂斯塔曾向当时的托斯卡纳大公科西莫·德·美第奇展示过达·芬奇的草图和笔记。

后来，人们发现这些收藏便是《大西洋古抄本》。大公让他的代理人法朗切斯克·坎塔加利纳全权代表自己负责收购事宜，并在价格上给出参考意见。然而，由于这位代理人并不重视，甚至可以说是鄙视达·芬奇的草图和笔记，因此这笔生意最终没有成交。

4. 最终的归宿

1622年，一位米兰的贵族加莱亚佐·阿科纳蒂侯爵从莱奥尼的女婿伯立多尔·卡齐之处购买了一部分达·芬奇的真迹，十五年之后，他将自己收藏的所有达·芬奇手稿，包括《大西洋古抄本》，捐献给了昂布罗修图书馆。这份厚重的赠礼中也包括一幅名为《神的比例》的作品（一幅技艺精湛的几何图画）。

直到1796年5月法国军队抵达米兰前，《大西洋古抄本》一直被安全地存放在昂布罗修图书馆。但法国军队假借保护艺术和文化宝藏之名，把一部分重要的艺术品搬到了巴黎，其中就包括《大西洋古抄本》。后来，《大西洋古抄本》完璧归赵，由法国政府送还给昂布罗修图书馆，并一直存留至今。

二、《马可·波罗游记》抄本

1. 闻名遐迩

马可·波罗（1254—1324）生活的年代比利玛窦（1552—1610）早3个世纪，大部分关于元代的史料都出自他手。他曾游历横跨半球的元帝国，并将其在当时中国的所见所闻带回欧洲。马可·波罗曾是忽必烈大汗的大使和总督，他在《马可·波罗游记》中记录了自己游历中国的所见所闻。在欧洲，这是第一部提到日本的作品，在作品中日本被称为Cipango。

在编纂此书的过程中，马可·波罗使用了骑士文学的体裁，将地理学、人种学、历史、编年史、战争史、贸易和诸多其他学科领域的知识引入其中。这一创举不论是在当时还是今日，都是绝无仅有的。《马可·波罗游记》一经出版，立刻得到了广泛传播，可以说，它与早期意大利但丁、彼特拉克和薄伽丘的文学杰作并驾齐驱，是现代欧洲文化研究的基础性文本之一。

上述文艺复兴时期作家（但丁、彼特拉克和薄伽丘）用意大利语俗语写就的著作，起初的传播范围均局限于某一语言区。而《马可·波罗游记》的情况则大不相同，此书一经出版，便出现了各类不同语言载体的版本，它的广泛传播展现出了一种独特的生命力。不论在当时，还是在后世，此书均能够以一种润物细无声的方式，被欧洲不同阶层、不同文化水平的人所接受。《马可·波罗游记》的主要语言载体，是当时在欧洲使用最多、最广的拉丁语和法语，除此之外，威尼斯方言和托斯卡纳方言版本的文本也非常重要，只是方言版本的受众范围明显更小。

《马可·波罗游记》似乎真实地描摹了马可·波罗的性格及其在另一个半球的旅行经验。此书是东方与西方、地方性与世界性融合过程中独一无二的成果和象征。在欧洲，《马可·波罗游记》广为流传，激起了欧洲人对东方的无限向往，对以后新航路的开辟产生了巨大的影响。这一作品的现实意义也是其魅力所在——它似乎预见了当代社会的全球化进程。

2.《马可·波罗游记》的不同版本、译本和改编本

《马可·波罗游记》是马可·波罗和作家鲁思梯谦合作完成的产物：1298年到1299年，在马可·波罗被监禁于热那亚时，比萨人鲁思梯谦根据马可·波罗的口述创作了《马可·波罗游记》。此书出版几年内便名声大振，妇孺皆知，并衍生出了欧洲各种语言的版本和改编本。长期以来，马可·波罗的旅行见闻

在不同语言的版本中重现，各版本的创作阶段和创作方法纷繁复杂，很难确定。总的来看，人们普遍认为法文版本最具权威性，这一版本经常被用作参考文本；拉丁文版本与之不相上下；意大利秕糠学会则认为古托斯卡纳方言版本是“最佳”文本。

赖麦锡是第一位在编纂《马可·波罗游记》时大量收录当时从未有人研究过的各种抄本的人。他在威尼斯重制的《马可·波罗游记》于1559年出版，之后，人们才开始以语文学批评的方法审视手稿的来源问题。

1928年，路易吉·福斯科洛·贝内代托对大约150份已知的各版本的抄本进行了详尽的研究，并概括了从中得出的结论，至今，其结论仍被认为是确切可信的。他也著有一部百衲本《马可·波罗游记》。在此之前，研究者手中只有一两份最接近原稿的传抄本，其实在他之后也不乏这样的情况。但如果我们总结贝内代托的研究路径，就能够划分出这些抄本的主要来源，它们不仅与马可·波罗在不同阶段完成的不同版本相关，也与我们今日所见的不同语言版本相关。

3. 不同语言的《马可 · 波罗游记》抄本

如前文所述，贝内代托对大约150份已知的抄本进行了详尽的研究。从这些抄本中，我们发现，在法文版、意大利古威尼斯方言版、意大利古托斯卡纳方言版和拉丁文版抄本中，有些段落内容存在显著差异。归根结底，各版本抄本的差异其实是原本不同导致的。

《马可 · 波罗游记》最初是由比萨人鲁思梯谦根据马可 · 波罗的口述创作的，这一最初版本已经失传，贝内代托以O代表这一失传版本。在现存的150份抄本中，有35份法文和法文—意大利文抄本是从最初版本中衍生的，贝内代托以F代表这些抄本。1307年，马可 · 波罗在威尼斯将其中一份抄本（F1）赠予了法国外交官蒂博 · 德 · 瑟波瓦，次年法国人格雷高尔在法国用更具文学性的语言对其进行了重新编纂。贝内代托以FG代表格雷高尔版的法文抄本，这一版本的抄本中有来自法国地区的绘有精致插图的著名抄本。

另一类抄本是用古威尼斯方言写成的，其中传播最广的是最忠实于已失传的最初版本的改编抄本，贝内代托以V代表这些抄本。在古威尼斯方言的抄本中，我们不得不提的还有一个版本的抄本，贝内代托以VA代表。博洛尼亚的弗朗西斯 · 庇庇诺的拉丁文译本（P）就是基于VA版抄本的，也有其他语言的翻译以其作为原本。

第三类抄本主要是指14世纪前几十年的拉丁文汇编本（LA和LB），可追溯到弗朗西斯·庇庇诺1316年的拉丁文译本（P）。庇庇诺的拉丁文译本源于古威尼斯方言版本（VA），后者又源于法文—意大利文版（F3），这一版本（F3）曾在欧洲中世纪广为流传，其传抄本中大约有50份存世。

第四类抄本源于古托斯卡纳方言版本（TA），其年代可以追溯到14世纪初，被称作“最佳”文本，在意大利流传至今。

最后一类抄本是单独列出来的，因为这一类抄本更接近原始一手资料，极为重要。这一类抄本源于当时用拉丁文抄写的版本，如枢机主教塞拉达收藏的抄本（Z1，后来由赖麦锡修订）。虽然这类抄本的名声不如前几类的大，但它们也有一些其他版本无法比拟的特点，如丰富的细节描述。

4.昂布罗修图书馆收藏的《马可·波罗游记》抄本

在昂布罗修图书馆收藏的抄本中，有7个抄本引用或摘录了《马可·波罗游记》的内容，具体为:

- 昂布罗修抄本X 12 sup.（b），拉丁文,14世纪（贝内代托，LB）

这是14世纪前几十年的羊皮纸抄本，共135页，尺寸较小（16.1厘米×11.6厘米），由佚名拉丁文抄写者对《马可·波罗游记》简化编写而成。贝内代托认为，该抄本来源于古威尼斯方言版。该抄本还包含了《艾通·阿尔梅诺之书》（*Libro di Aitone Armeno*）和《世界奇迹之书》（*Liber de mirabilibus mundi*）。这一抄本曾经被存于安东尼奥·萨沃格南伯爵的图书馆，后归于皮埃特罗·库斯托迪男爵名下。1842年，库斯托迪男爵逝世后，昂布罗修图书馆收到了他的两万卷赠书。

- 昂布罗修抄本H 41 inf.（2），拉丁文，16世纪

这是15世纪至18世纪的纸质抄本的合集，共132页（34厘米×23厘米），包含18篇著作，其中《马可·波罗游记》的部分章节内容完成于16世纪。该抄本合集自昂布罗修图书馆建成（1609年）之日起就收藏于图书馆。

cum sepelitur una cum eo. Et hoc habet ipsa maximum gaudium, quia in alio mundo erit sola cum eo uxor. habent omnes monumenta magna et in illis monumentis ponuntur magna ornamenta secundum quod est persona.

Sciendum est duas esse armenias scilicet maiorem et minorem. In minori armenia scilicet minori de spacio est rex qui tenet maximam iusticiam de omnibus et nullus malefactor aliquis non potest euadere. Iste rex suppositus magno canni tartarorum et obbedit ei in omnibus. In isto regno armenie minoris sunt multe ciuitates et castra que habundant in omnibus bonis et sunt loca deputata maximis solaciis. Illi homines illius contrate sunt magni uenatores quia ibi sunt multe et magne uenationes. non est sana prouincia nec habet bonum aerem. Iam fuerunt ibi homines probissimi in armis sed modo facti sunt multum uiles et dant se ipsos multis peccatis.

In hac prouincia predicta est una ciuitas que dicitur laglaga que est multum bona et magna. Et omnes portantes species et aromata et panos de limatos ueniunt ad hanc ciuitatem. Et quod omnes mercatores qui portant de uenetiis de oriente et de uenetiis usus orientem sicut sunt panni serici argentum et similia propterea ueniunt ad laglaja. Omnes uolentes ambulare usus oriente propterea ueniunt ad laglaza et ideo de omnibus est bona et fertilis ciuitas. est sub dominio magni tartaris licet sit perfecti quia non sunt bene in fide recta sicut sunt romani et hoc est propter defectum doctorum quia antea fuerunt boni christiani. Ista armenia minor ante ponitur in terra fide christiana sicut inuenietur in libri et fratres predicatores.

In prouincia turchomania sunt tres generationes gentium quorum quedam sunt turchomani et isti adorant machumetum et habent legem bestiales et bestialiter uiuunt in omnibus. Sunt homines multum simplices et habent propriam loquelam. Et aliquando habitant in montibus et aliquando in planicie secundum quod melius inueniunt pascua pro suis bestiis. non laborant terras sed solum uiuunt de fructibus animalium. habent enim multa animalia. Et in eos sunt multi et boni equi et multi et magni et fortes muli inueniuntur in eos. et isti turchomani habitant in agris cum bestiis suis. Et habent uestes de pellibus et domos de feltro uel de pellibus. In eadem prouincia de turcho

mania sunt in hominibus christiani non bene perfecti et greci. isti stant in ciuitatibus et castris et omnes simul uiuunt de artibus et mercationibus suis. Colligunt in terra multa bona in tota prouincia que nominatur turchomania. Armenii autem et greci qui predicti sunt. Capetia prouincia mundi de magnis diuersitatibus ibi panni serici diuersorum colorum notabiliter laborati. Ideo ciuitates que sunt in tota illa prouincia ciuitas Canio, Cessarie et sebasta ubi fuit sanctus bla[sius] martirizatus. Et hec ciuitates sunt optime et fertiles aut non sic. Et tota ista prouincia est sub dominio magni canis tartarorum orientalis et dominatur in omnibus secundum suam uoluntatem. Isti tartari non curant quod omnes de terris eorum honorent quia pax est illis communiter. Dixit dominus domino canni infideles et bene hobidientes ordinatum et bene faciunt iusticiam. de anima facias quod uis nolunt tamen quod dicas malum de animabus eorum nec in terra de fatis eorum et tu fac de deo et de anima tua quod uis sive sis iudeus siue paganus siue sis saracenus siue christianus qui habitas inter tartaros. Bene confitentur in tartaria dominum esse tamen dicunt ipsum dominum superbum quia non uult cum aliis diis simul esse sed super omnes alios multum ideo in aliquibus locis habent christum de auro uel argento illuminatum ad sensum in aliqua clausura et dicunt illum magnum dominum super christianorum.

Armenia magna est prouincia maxima et habet suum regem et loquelam propriam et bulgarie et alias ab omnibus prouinciis. Tamen bene concordat in omnibus cum armenia minori licet dicatur maior. In prima est una magna ciuitas nomine arzinga bona fertilis. Et ibi fit boccaranum optimum et durabile quia ibi sunt boni magistri. In illa nascitur aqua calida et fontes optimi sunt ibi et sana. Ibi per tota prouincia magis ciuitates orientalis. Ibi sunt multe ciuitates et melior ciuitas que sit ibi est arzinga ubi est archiepiscopus qui regit christianos. Et quia maior

• 昂布罗修抄本D 526 inf.，拉丁文，14世纪（贝内代托，I）

这是14世纪40年代的羊皮纸抄本，共87页（41.5厘米 ×30.1厘米），文本分两栏，第67页到第79页摘录了《马可·波罗游记》的许多重要片段。这份摘录极有可能是雅各布·德·阿克里修士自己编写的。该抄本还包含雅各布修士的《编年史》（*Cronica*）和《世界纪事》（*Chronicon imaginis mundi*）。

• 昂布罗修抄本T 188 sup.，意大利古托斯卡纳方言，18世纪（TA）

1792年的纸质抄本，共133页（33厘米 ×22.9厘米），是《马格里亚贝齐亚诺抄本》（*Codice olim magliabechiano*）第八章的副本，包含秕糠学会用古托斯卡纳方言修订的、没有开头的文本。这份抄本于1792年由亚历山德罗·布奇抄写，在进入昂布罗修图书馆之前，为帕多瓦学者朱塞佩·托阿尔多所收藏。

◁《马可·波罗游记》昂布罗修抄本D 526 inf.，第78页

• 昂布罗修抄本Y 160 sup.，拉丁文，18世纪（贝内代托，Z）

1795年的纸质抄本，共211页（31.2厘米×21.9厘米），源于枢机主教塞拉达收藏的抄本（可追溯至14世纪末或15世纪初）。枢机主教塞拉达的抄本曾经被借给朱塞佩·托阿尔多，1795年，朱塞佩·托阿尔多委托阿戈斯蒂诺·卡尔扎瓦拉和贝内代托·托尼尼为其另做一份抄本。这份抄本是通过库斯托迪男爵的捐赠存入昂布罗修图书馆的。这份抄本的发现者是贝内代托，他曾反复强调它的价值，并用Z代表这份抄本。他还指出，这份抄本是赖麦锡1559年完整印刷版的唯一内容来源。

• 昂布罗修抄本Y 161 sup.，意大利古威尼斯方言，18世纪（贝内代托，VA3 bis）

1793年的纸质抄本，共172页（31.5厘米×22.3厘米），源于尼科洛·维图里1445年制作的抄本。该抄本是最早的六个古威尼斯方言抄本之一，也曾被借给朱塞佩·托阿尔多重新抄写。后来，这份抄本被收入库斯托迪男爵的藏书中，并于1842年与其他藏书一起被捐到昂布罗修图书馆。

《马可·波罗游记》昂布罗修抄本Y 160 sup.，第77页 ▷

augumento nostri status timebant itaque ne fuissent
per magnum dominum delegati ad hanc examina:
tionem faciendam et exinde possent consequi de:
trimentum sed tantum frequentaverunt locum illum
de die in diem domini Mapheus et Marcus se
domesticantes cum eis et de eorum negotijs inqui:
rentes quod invenerunt eos christiana legem te:
nere nam ipsi habebant libros et isti domini Ma:
pheus et Marcus legentes in ipsis inceperunt
Scripturam interpretari et traslatari de verbo ad ver:
bum et de lingua in lingua ita quod invenerunt
esse verba psalterij tunc interogaverunt eos unde
legem et ordinem illum haberent qui respondentes
dixerunt. ab antecessoribus nostris habebant itaque
in quoddam eorum templo depictas immagines
tres qui tres Apostoli fuerant ex septuaginta qui
per mundum iverunt predicando et illos dicebant
antecessores suos in illa lege antiquitus infor:
masse. et quod jam per annos septingentos apud
eos erat fides illa servata, sed multo tempore
sine doctrina fuerant quare principalia ignorabant

• 昂布罗修抄本Y 162 sup.，意大利古威尼斯方言，18世纪（V）

1793年的纸质抄本，共156页（33厘米×23.3厘米），源于15世纪的抄本。该抄本一开始是贾科莫·索兰佐的藏品，后来归于卡诺尼奇神父。在朱塞佩·托阿尔多的要求下，神父让文森佐·马奇重新抄写一份，这份抄本当时并不为人所知。即使这个古威尼斯方言的改编本有不准确之处，也被赖麦锡收录在了他编纂的《马可·波罗游记》中。

三、地图上的世界

昂布罗修图书馆自建立之日起，博士院就不断深入地研究航海技术、地理、美术创作、各地的语言和文化等。因此，昂布罗修图书馆收集了大量的世界地图和区域地图，也就属于情理之中的事情了。在昂布罗修图书馆的4万份手稿和抄本中，有575份与地理有关，保罗·雷维利于1929年为其编目。

1. 地图、科学和神学

我们对历史事实的解释和评价，依赖并包含经济学、人类学、社会学、哲学、宗教等方面的研究。自西方文明发源以来，古代地中海文化中的地理研究便已经开始受到神、世界、人类等一般概念的影响[5]。当底蕴丰富的阿拉伯—伊斯兰文化成为中世纪早期欧洲文化和远东文化沟通交流的重要纽带时，西方观察世界其他地区和文明的方式发生了重大转变，而东西方的接触带来了很多积极的成果和影响，如13—14世纪在欧洲蓬勃发展的人文主义，这一思想后续发展为文艺复兴运动，是现代科学以及15—16世纪全球性海洋探索的开端。在后面的几个世纪里，人们对世界的认知不断发展，到了20世纪，人们对于“西方”和“东方”的认识更加平衡，在一些方面的认识甚至是批判性的。

古印度、中国、古埃及和古巴比伦等古老文明蓬勃发展之后，地图一直是研究不同文化与社会的政治、科学、哲学和神学背景的重要材料来源。宗教，如佛教、基督教、伊斯兰教，将几何学、地理学、圣地与古地图和世界的符号体系交织在一起，促进了人们对宇宙和世界的认识。

（1）古希腊、古罗马

古希腊、古罗马人对亚洲的地理认识，可以从《托勒密世界地图》（公元2世纪）中窥得一二。在地理大发现时代到来之前，该地图是西方认识东方海洋的主要渠道。在昂布罗修图书馆，有一份非常古老的希腊文抄本（昂布罗修ms. D 527 inf.，约1360—1380），该抄本中的《托勒密世界地图》清晰地展示了两千年前的欧洲对远东地区的了解是多么贫乏。

托勒密

古罗马地理学家和天文学家，他首次论述了世界地图绘制的关键——把球体表面绘制在平面上的"投影法"。目前能看到的《托勒密世界地图》是文艺复兴时期仿制的。《托勒密世界地图》不是根据数学来计算，而是根据不同地方的重要性来确定国家的比例：一个国家越重要，它在地图上就越大。

观察这幅地图的东侧，我们会注意到一个宽阔的空地，它对应的应该是中国的宋、元时期，当时的中国国富民强。宋朝（960—1279）是伟大的"文艺复兴"时期，元朝（1206—1368）也曾见证过马可·波罗的来访。但是，地图上对两朝没有任何记录。从地图上我们只能分析出两个短暂的时期，其中一段时期王朝的所在地很靠北，地图可能

昂布罗修图书馆收藏的希腊文抄本中的《托勒密世界地图》，第95页 ▷

ΑΝΑΤΟΛΗ

只记录了作为都城的东京（今开封）；另一个在南边，可能只记录了作为都城的临安（今杭州）或南宋王朝的某个城市。

（2）阿拉伯

正如我们在阿拉伯文版本的《托勒密世界地图》（该译本制作于1481—1512年，盖有巴耶济德二世的印章，现存于伊斯坦布尔的索非亚教堂）中所看到的那样，阿拉伯人接受并延续了古希腊人对世界的认识[6]；与此同时，阿拉伯主要的历史学家和地理学家，如阿布·哈桑·马苏迪（897—957）、伊本·克达比(820—912)、穆罕默德·阿尔伊垂斯[7]（1100—1165/1166）也为这一领域的研究提供了大量新的地理信息。

在地中海与大西洋贸易中，获得详细的、最新的海路信息以及各国政治条款信息，对于阿拉伯人来说是至关重要的。这一点，可以在目前最古老的带有海港名称的地图《阿拉伯航海指南》（*Kharita*，也可音译为《哈里塔》；现收藏于昂布罗修图书馆，S.P. II 259）中得到证实，该地图大约于14世纪在非斯重制。希望以后能够在其他图书馆或档案馆找到类似的，描述近东、远东或印度洋海路的作品。

在研究阿拉伯人对世界的看法时，我们应当考虑伊斯兰教的宇宙观，他们认为宇宙是以麦加为中心的，整个世界和天空

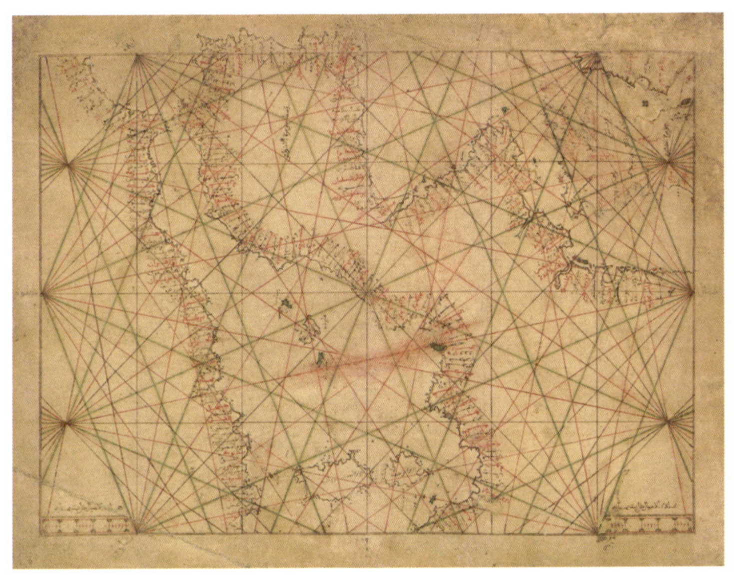

昂布罗修图书馆，《阿拉伯航海指南》

被划分为12个区域，这种宇宙观在阿拉伯文化中极为常见。昂布罗修图书馆收藏的古籍，如一份年代可追溯至1206年的草图（ms ar. 1473，fol. 21a）[8]和穆罕默德·伊本·阿比·巴克·阿法里斯的《天文论》（ar. X 73 sup.），清晰地显示了这一点。

（3）中世纪欧洲

在考察欧洲中世纪的地图时，我们也应该考虑基督教的宇宙观，他们认为宇宙是以耶路撒冷为中心的，世界被分为亚洲、

昂布罗修图书馆，一份可追溯至1206年的阿拉伯文草图

昂布罗修图书馆，《天文论》抄本，第36页

欧洲、非洲三方[9]。

2. 伊斯兰教对欧洲文化的积极影响

在中世纪的西班牙和阿拉伯酋长国中，极有可能有过一个科学和宗教交流的黄金时代，尤其是在安达卢西亚，在这里，有着不同信仰的人可以协同研究。

杰拉尔杜斯（1114—1187）、阿威罗伊（1126—1198）和摩西·迈蒙尼德（1135—1204）等之间的对话在一定程度上改变了中世纪以欧洲为中心的观点。在宗教对话方面，维埃纳会议（Council of Vienne）（1310—1311）颁布法令，要求在欧洲的大学中设立阿拉伯文、希伯来文和阿拉米文教席；胡安·德·塞戈维亚（1393—1458）邀请意大利卡斯蒂利亚的大穆夫提（教法解说人）伊本·扎比尔来到艾顿修道院（归属于意大利萨沃依家族），并在后者协助下，把《古兰经》先译成西班牙文，后又译成拉丁文。塞戈维亚的座右铭是“和平与研究”。这种交流的精神，能够让观察世界的新视角的形成成为可能，能够联结东西方的图像、符号和科学发现。

当下，我们也希望避免文明之间的冲突，推动文明之间的对话。

3. 调和东西方观点

与西方传统的地图制图法相比较，研究者发现亚洲的地图[10]没有使用任何具体的象征符号。如果我们考虑到当时印度和中国之间频繁的文化交流，考虑到在两千多年的历史流变中，印度文明与中国文明几乎没有过冲突，就能明白亚洲地图缺失象征符号的原因了。

17世纪初，耶稣会在中国印制了一批地图，其中的《万国全图》体现了东西方不同观点的调和。这幅世界地图结合了自伽利略以来天文学方面的所有重大发现，以及达·伽马、麦哲伦在地理学上的研究发现，意义重大。《万国全图》是耶稣会士艾儒略在利玛窦《坤舆万国全图》的基础上修订而成的。在杭州，他与中国学者（如杨廷筠等）同窗共读并建立了深厚友谊。《万国全图》的副本和他的一些书卷目前收藏于昂布罗修图书馆。

《坤舆万国全图》

利玛窦绘制，以当时西方世界的地图为蓝本，并改变了当时通行的将欧洲居于地图中央的格局，把子午线向左移动170度，从而将亚洲东部居于世界地图的中央，这样，中国就自然而然位于该图的中心了。

今日，当我们试图构建新的全球视野时，也会从日本、中国或印度的角度出发，构建一种不

昂布罗修图书馆，《万国全图》副本

完全以欧洲为中心的视野，而这也是拉那·辛赫所建议与期望的："我们认为，犍陀罗文明的教训，完全适用于今天的国际关系领域，东西方文明之间的相遇是有可能的，而且可以丰富双方不同领域的知识，令其达到很高的高度。"[11]

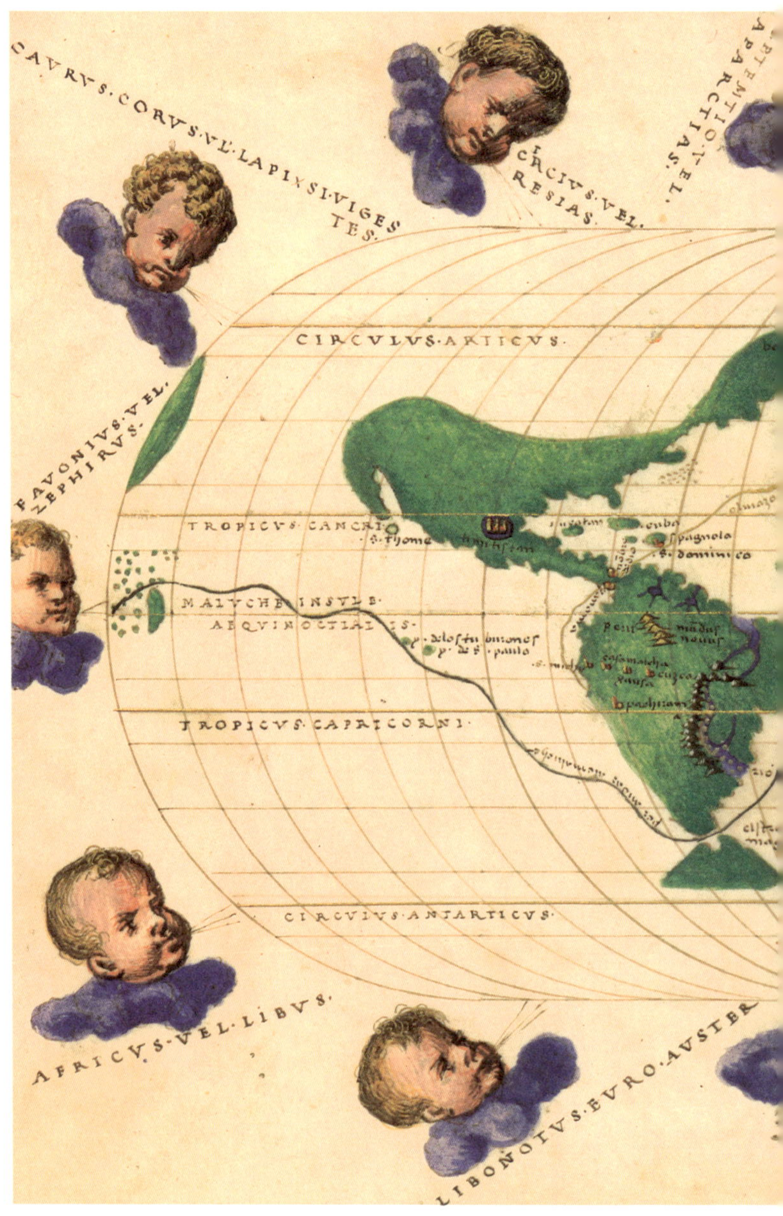
CAVRVS·CORVS·VL·LAPIXSI·VIGES
TES.
CIRCIVS·VEL·
RESIAS.
FAVONIVS·VEL·
ZEPHIRVS.
CIRCVLVS·ARTICVS
TROPICVS·CANCRI
MALVCHE·INSVLE
AEQVINOCTIALIS
TROPICVS·CAPRICORNI
CIRCVLVS·ANTARTICVS
AFRICVS·VEL·LIBVS.
LIBONOTVS·EVRO·AVSTER

昂布罗修图书馆，巴蒂斯塔·阿涅斯·达·热那亚于16世纪40年代制作的带有两条航海路线的平面图：金色的是从秘鲁到西班牙的路线，美洲的黄金就是沿着这条路线被运到欧洲的；深色的是麦哲伦在1522年开辟的环行路线，葡萄牙人通过这条路线运输香料

ESTETICA, SCIENZA E FEDE

400 ANNI DELL'ESPLORAZIONE DELLA

BIBLIOTECA AMBROSIANA

第三章

了解中国的文化

一、对　话

16世纪，欧洲正在如火如荼地开发美洲新大陆，这促使人们更为注重从世界性的角度来思考问题。在这种思潮的影响下，费德里科·博罗梅奥主张加强不同文化和宗教间的对话。

当时，特别是明末清初，中国思想界出现了一些新的情况：传统的儒家思想经过一千多年的发展和传播，开始走向没落和僵化。中国知识阶层越来越不满意传统的儒家思想，他们从佛家、道家思想中寻求出路，逐渐出现“三教合一”的局面。在这样的历史时期，天主教进入了中国，很快受到中国知识分子的关注。

对人文学泰斗费德里科·博罗梅奥来说，中国的科学和文化构成了一个令他感兴趣的中心，这已从他与几位到中国的耶稣会科学家的关系而得到证明。远东的文化和文明，特别是中国的文化和文明，也许曾是费德里科·博罗梅奥委托给昂布罗修博士院的新的研究方向，这一点可从中外古籍和文献中得知。

二、传教士

马可·波罗在其游记中记载，忽必烈大汗曾通过两位威尼斯贵族向教皇请求派遣100位懂得所有7种艺术和懂得基督教法律的贤哲。在一种明显和互惠的方式中，忽必烈的开放很可能是带有世界性帝国特征的举动，这种举动在1714年的康熙帝身上能够重新找到。

1552年，著名的东方传教士方济各·沙勿略在他从日本写给依纳爵·罗耀拉（耶稣会的创始人）的最后一封信中，也请求派遣文学家、科学家和艺术家到中国去传教。

1615年，利玛窦在给乔瓦尼·阿尔瓦雷斯的信中写道："我很想向V.R.[12]请求一件事，已经请求很多年了，但他从未给过我回复。一件最有用的事是派一些精通天文学的神父和修士到这个宫廷里来……其原因，我认为是皇帝每年用大量的开销奉养200多人来修订当年的历法……修订历法的任务可以使我们获得声望，更好地打开进入中国之门，并使我们在这里更加稳固和自由。”[13]

在早期的中西文化交往中，传教士起到了重要作用。1601年，著名意大利传教士利玛窦进入中国北京。除了利玛窦以外，许多欧洲传教士，他们中不少人还是学者、科学家，来到中国。他们中有来自意大利的地理学家艾儒略、来自法国的历史学家金尼阁（1577—1628）、来自德国的天文学家邓玉函（1576—1630）。这种传教行为需要长时间和专门的准备，以及非常罕见的、在不同文化中处理事务或冲突的敏感性，曾有过一些知名的传教人员（如利玛窦）和极为有效的机构形式（如1622年在罗马成立的传信部，专门负责与天主教会有关的宣教活动）。

德国人邓玉函和法国人金尼阁是与费德里科・博罗梅奥同时代的耶稣会修士、学者，两人都可以被认为是利玛窦在传教和人文主义观点上的继承者。在到中国传教之前和之后，他们与费德里科・博罗梅奥有过多次密切的接触。在1615年至1616年，邓玉函和金尼阁到米兰参观了昂布罗修图书馆，并将一些中文图书送给博罗梅奥主教。

利玛窦与徐光启

1. 金尼阁

金尼阁，出生于杜埃（Douai，当时属于西班牙，现在是法国的一部分），1594年成为一名耶稣会修士。1611年，金尼阁抵达中国南京，正式开启在中国的传教生涯。后来，他被中国天主教教徒李之藻带到他的家乡杭州，成为有史以来第一批到达杭州的传教士之一。

在中国传教两年后，他就被派回欧洲去完成别的一系列任务。这些不同的任务包括为耶稣会筹集经费，为当时在中国各地建立的机构招募更多的传教士，以及采购有助于耶稣会在学者中进行传教的书籍。

1615年，他在罗马被任命为中国教区副巡视员，在前往西班牙路过米兰时第一次与费德里科・博罗梅奥见面，与他交谈了关于中国的许多论题，并向他保证会给他寄正在加紧出版的《利玛窦中国札记》(*De Christiana expeditione apud Sinas*)。这部作品是金尼阁根据利玛窦用意大利文写作的回忆录手稿翻译并增写而来的。这本著作刊印后，在欧洲引起轰动，耶稣会内掀起了到中国传教的热潮。之后，他曾多次在米兰与费德里科・博罗梅奥主教会面。

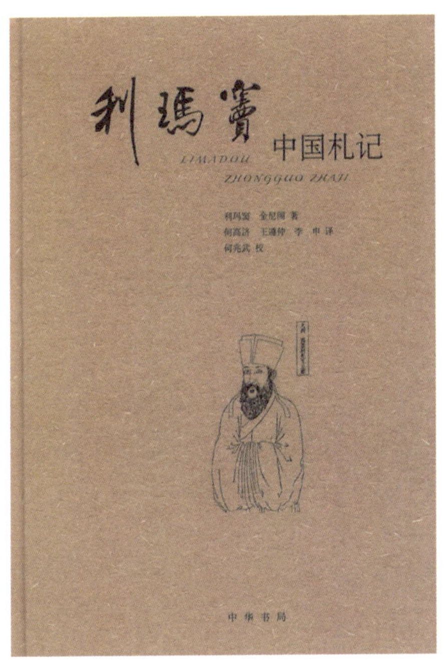

《利玛窦中国札记》

根据在昂布罗修图书馆发现的有金尼阁的亲笔注释的纸条，他第一个为昂布罗修图书馆提供了中文藏书并进行了简短的介绍，这为后来罗比亚蒂编写东方图书的目录提供了帮助。

他在纸条上留下的注释中，有对五本中文作品的简略介绍，其中三本（目前都存放在昂布罗修图书馆）可以被鉴别：

第一本为李廷机的《玉堂厘正龙头字林备考韵海全书》(中文字典，有对中文字的说明)第一卷，17世纪初版。

另外两本为《孟子》1589年的复本，只有第六卷。

直到目前，昂布罗修图书馆还未发现金尼阁在他的亲笔注释的首尾分别列出的两本书，一本是很难鉴别的“羊皮纸上的书”，另一本是“有关孔子著作的书”。也许可以认为，第一本书由于其罕见的材质特点，第二本书由于孔子在中国思想中的重要性，而被细心保存在了其他地方，或是主教费德里科·博罗梅奥为了能更好地研究它们而将其保存起来。不管怎么样，这两本书失去了踪迹，也许将来能被重新发现。

由于金尼阁的参与，其他一些特别古老的中文图书可能于相同时期被图书馆收藏，如《大明官制》。

1618年，金尼阁与新招募的一批传教士（其中就有邓玉函）从里斯本出发，第二次前往中国，后于1628年在杭州逝世。

2. 邓玉函

邓玉函，1576年出生于康斯坦茨。他14岁开始学医，精通医术。他还对数学和天文学有着浓厚的兴趣，曾做过伽利略的学生。此外，邓玉函的语言能力非常强，会10种语言，除了德文、意大利文、葡萄牙文、法文、英文、拉丁文以外，他还掌握了古希腊文、希伯来文和《圣经》中的阿拉姆文。在生命的后期，他还学会了中文。

猞猁科学院（Accademia dei Lincei）

也被音译为“林琴科学院”，是意大利林琴国家科学院前身，于1603年成立于罗马，是欧洲历史上最悠久的科学院。在那个时期，猞猁是意大利的一个常见物种，因其具有敏锐的视觉，故被作为这个博学的学者团体的象征。

1611年，邓玉函被任命为猞猁科学院院士，并经常参加这个活跃团体的活动。费德里科·博罗梅奥曾有心与他进行密切的接触，想以此将昂布罗修图书馆与从伽利略开始的、正在进行着科学革新的主要人物联系起来。邓玉函与博罗梅奥之间有着非常频繁的书信交往。邓玉函在医学、数学、天文学和其他方面的兴趣和能力与费德里科·博罗梅奥强烈的好奇心耦合，他们通过书信分享在自然科学和数学研究方面的兴趣。两人一直保持着良好的关系。根据昂布罗修图书馆留存的两人之间的通信档案，邓玉函为图书馆收集过哲学类图书和中文图书。

邓玉函在给密友——另一位猞猁科学院院士——乔瓦尼·法布尔的一封信中写道，“从未见过像昂布罗修这么大、这么漂亮的图书馆”[14]，同时也希望法布尔能帮图书馆收集哲学家坎帕内拉的全集，以满足大主教的愿望。在信的结尾，邓玉函非常高兴地提到他是如何“真正美妙”地被招待的。

费德里科·博罗梅奥后来又寄给邓玉函一件非常珍贵的礼物——一架望远镜。1616年3月30日，博罗梅奥给在罗马的法布尔寄了一封信，“邓玉函神父路过这里时，曾希望得到一架望远镜；我承诺寄给他，不知道现在他在哪里，我已经把它寄给了V. S.，希望他会乐意将望远镜安全地寄给他……”[15]

邓玉函在写给法布尔的一封信中，曾提及他到中国传教的计划得到了博罗梅奥的鼓励：“尊贵的大主教同意了我去中国的提议，对我来说值得庆贺。”[16]1616年夏天，他来到米兰，与主教有过很多接触，他把这些都告知了猞猁科学院的朋友们。

1618年，带着许多欧洲的科学类图书，邓玉函作为金尼阁的同伴，与其他传教士和科学家一起从里斯本乘船前往中国。1628年，在过世前的一年，邓玉函还从杭州被召见到北京参加皇家历法的修订工作。邓玉函在中国期间还保持着与欧洲学者的联系，与开普勒以及乔瓦尼·法布尔继续保持着密切的通信。在他逝世几年后，由他带到中国的望远镜于1634年被进献给了皇帝。

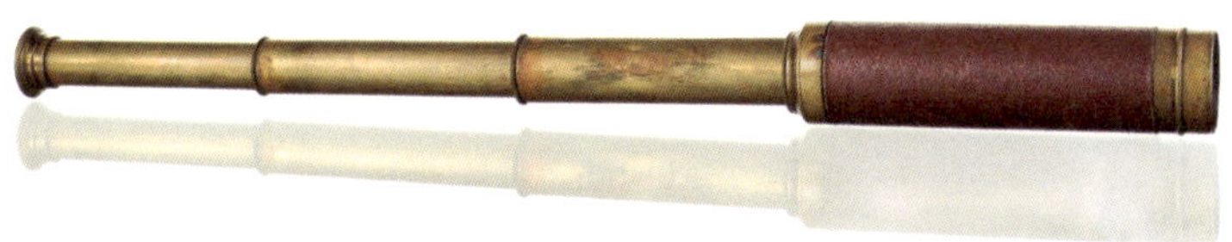

单筒望远镜

ESTETICA, SCIENZA E FEDE

400 ANNI DELL'ESPLORAZIONE DELLA

BIBLIOTECA AMBROSIANA

第四章

文艺复兴与人文主义

20世纪产生了诸多基于文艺复兴的艺术再诠释与再创造，例如，在塞尚和卡索拉蒂的作品中，我们能看到皮耶罗·德拉·弗朗切斯科画作的影子；布鲁诺·摩德纳(1920—1973)在音乐领域的实验为我们揭示了中世纪与文艺复兴时期的音乐创作机制，他本人的创作更是在此基础上推陈出新[17]。与此同时，程抱一结合他青年时期对意大利文艺复兴的研究，将其与中国艺术进行对比，进而发现，文艺复兴这一极富创新性的历史时期不仅在欧洲文明史中举足轻重，更是走出欧洲，对整个世界产生了重要影响。[18]

一、对中世纪的突破

15世纪，发源于佛罗伦萨的“文艺复兴”在欧洲传播。彼时的佛罗伦萨作为新艺术、新科学思想的摇篮，在美第奇家族的统治下蓬勃发展。当时，文化、政治、经济领域的新思想在佛罗伦萨诞生后，会很快传播到意大利其他城邦与公国，再扩展到欧洲各国，进而产生世界性影响[19]。这个时代的巨大创新从方方面面改变了文明与社会的原貌。

文艺复兴的产生也得益于中世纪的思想积淀，可惜的是，中世纪的思想在世人看来却是艰深晦涩、难以理解的。虽然5世纪之后，欧洲文明很明显在倒退，但是，也出现了不少次影响广泛的“复兴”，如9世纪加洛林王朝的文艺复兴。此外，随着西罗马帝国的倾颓，在君士坦丁堡和巴格达出现了供科学家、艺术家、文学家、哲学家、政治家、法学家聚集研讨的场所，他们信仰各不相同，有的是犹太教徒，有的是基督教徒，有的是伊斯兰教信仰者，等等；10世纪之后，在西班牙的托莱多、科尔多瓦和巴塞罗那，在那不勒斯、巴勒莫和巴黎，也涌现出了诸多可以让学者聚在一起研讨的场所。凭借印度和中国的支持，阿拉伯—波斯文化圈滋养了人文主义思想，在但丁、彼特拉克、薄伽丘等佛罗伦萨文艺大师的参与下，人文主义思想得以流传，也在国际文化运动中，在多明我会、方济各会思想与知识革新的过程中，不断丰富、发展。[20]

复兴运动从佛罗伦萨蔓延到了罗马、威尼斯、博洛尼亚、米兰，又影响到了法国、德国、英国和东欧各国，代表人物有乔治·瓦萨里、菲利普·布鲁内莱斯基、莱昂·巴蒂斯塔·阿尔贝蒂、菲利普·博亚尔多、伊拉斯谟、达·芬奇、哥白尼。在之后的几个世纪里，人文主义者以几组对立关系揭示了文艺复兴的概念，如“死亡/睡眠/蒙昧”和“重生/觉醒/启蒙”。

欧金尼奥·加林指出，我们不能只用形而上学的方法，也要从哲学、文学、公民、文化角度探讨人文主义，从而更好地认识宏阔的文艺复兴运动的核心概念——人。此后，人们开始意识到反对野蛮状态、重新唤醒人性的重要性，而在之前的欧洲，人们并不觉得能达到这种理想状态。因此，“只有文艺复兴，或者说只有人文主义的语文学，真正实现了对中世纪传统的突破”。[21]

二、人文主义起源

人文主义是文艺复兴动力与生命力的不竭来源。人文主义的核心是“以人为本”，即泰伦提乌斯的“我是人，人类的一切都与我相关”，这一点也与儒家原则“仁”相对应。早在13世纪中期，人类中心论就已经在托马斯·阿奎纳（Thomas Aquinas）对人的定义中找到了哲学依据：

> 人是自然界中完美的存在，
> 因为人存在于自然理性中。[22]

可以说，没有人文主义，就没有文艺复兴，但这种论断下隐藏着另一个问题：什么是“人的价值”？在对话与比较中，各类学术研究和不同艺术流派试图以开放的态度回答这一问题，其理论依据并非一种形而上学的普遍价值，而是一些共识性的价值观与理想，它们也是所有社会的人们共同生活的基石。因此，蕴含着多元世界观、伦理观、公民概念的亚洲文化，可以从根本上丰富欧洲的相关经验与思想，并促进欧洲人文主义思想的形成和发展。

1. 犹太文化

文艺复兴时期的人文主义者有意识地在自己的思想中加入了犹太文化的典型元素，他们的作品受《希伯来圣经》的影响很深。

昂布罗修图书馆收藏的《希伯来圣经》抄本（创作于1236—1238），共24卷，每卷的开头都有丰富的插画，是最古老的带有插画的《希伯来圣经》抄本。

昂布罗修图书馆，《希伯来圣经》抄本中带有十诫碑和寺庙用器皿的插画 ▷

תורת יי תמימה משיבת נפ

רים משמחי לב מצות יי ברה

מאירת עינים: מה אהבתי תורתך כל היום

在抄本中插入袖珍画，使文字与绘画相得益彰，是欧洲中世纪与文艺复兴时期的艺术传统，这些插画大多极为瑰丽，是一种微型艺术，内容往往是对高尚理想的表达，在犹太人、阿拉伯人、波斯人的作品中也很常见。

西方的抄本始于卷轴，但是比卷轴更加实用和耐用，因此，3世纪后，抄本开始逐步代替卷轴[23]。但犹太人在著“书”时沿用了使用卷轴的传统，直到9世纪才开始用抄本。10世纪之后，抄本才得到大规模推广。

可以说，抄本是卷轴的衍生品。东亚地区广泛使用的书写材料之间也有这种继承关系，比如抄本和帛书（它们都是文本和插图的极佳载体）。欧洲中世纪的抄本配有精确的注释符号和细致的注解，文字经常配有含有讽喻意义的插画。这种将文字与图片相结合的形式与中国将书法和绘画相结合的传统不谋而合。

昂布罗修图书馆收藏的《希伯来圣经》抄本的发行时期和地区大概是13世纪早期的弗兰肯尼亚（Franconia）地区。这些关于《圣经》、礼拜仪式、欧洲文化的基础性文本，在欧洲不断被发行、再版。

这类作品的价值无法估量。为了加深理解，我们可以想象一下，完成整部总长度约为400米的作品，相当于需要使用566张规格为4.5米×3.5米的纸。抄本的正反面都用，而卷轴只用正面，不用背面，仅仅通过这一点，我们就能窥见抄本在使用上的优势，因此，抄本是保存和传播西方文学、艺术、哲学、科学思想财富的重要载体。

《希伯来圣经》抄本中有许多精妙的插画，这里我们重点讨论最后两页，这两页的主题独具一格。

ם יהודים נפש ע
אות ארבעים וח
ה כל נפש ארבעת
ושש מאות:
ויהי בשלשים
שנה לגלות יהוי
ן מלך יהודה ב
עשר חדש בעש
ים וחמשה לח
נשא אויל מר
מלך בבל בשנ
מלכתו את רא
יהויכין מלך י
ויצא אתו
הכליא: וידבר
טבות ויתן את
ממעל לכסא
לכים אשר
אתו בבבל:
ושנה
בגדי כלאו ואכל
לחם
לפניו תמיד
ימי חייו: וא
ארחתו ארחת תמיד
לו מאת מלך
דבר יום ביו
יומו עד
יום מ
כל ימי חייו:

לה

בשלשים שנה ברביעי
בחמשה לחדש ואני
בתוך הגולה על נהר
כבר נפתחו השמים וא
ואראה מראות אלהים:
בחמשה לחדש היא
השנה החמישית לגל
לגלות המלך יויכין:
היה היה דבר יהוה אל
יחזקאל בן בוזי הכהן
בארץ כשדים על נהר
כבר ותהי עליו שם יד
יהוה: וארא והנה רוח
סערה באה מן הצפון
ענן גדול ואש מתלקחת
מתלקחת ונגה לו סביב
ומתוכה כעין החשמל
מתוך האש: ומתוכה
דמות ארבע חיות וזה
מראיהן דמות אדם
להנה: וארבעה פנים
לאחת וארבע כנפים
לאחת להם: ורגליהם
רגל ישרה וכף רגליהם
ככף רגל עגל ונצצים
כעין נחשת קלל: וידו

אדם מתחת כנפיהם
על ארבעת רבעיהם
ופניהם וכנפיהם לארב
לארבעתם: חברת אש
אשה אל אחותה כנ
כנפיהם לא יסבו בלכ
בלכתם איש אל עבר
פניו ילכו: ודמות פני
פניהם פני אדם ופני
אריה אל הימין לאר
לארבעתם ופני שור
מהשמאל לארבעתן
ופני נשר לארבעתן:
ופניהם וכנפיהם פרדות
מלמעלה לאיש שתים
חברות איש ושתים מ
מכסות את גויתיהנה:
ואיש אל עבר פניו יל
ילכו אל אשר יהיה
שמה הרוח ללכת
ילכו לא יסבו בלכתן:
ודמות החיות מראיהם
כגחלי אש בערות כמ
כמראה הלפידים היא
מתהלכת בין החיות
ונגה לאש ומן האש

其中一页插画是根据前哥白尼时代宇宙观，参考《创世记》第一章和《以西结书》第一章绘制的宇宙图景：太阳、月亮与十五颗星星居于七重天正中，图中四活物居于外侧角落，它的灵感源于先知以西结描述的四种有翅膀的动物——公鸡、鹰、牛和狮子。另外一页插画的上部画的是创世时期的三种动物席兹、利维坦和贝希摩斯，下部绘有救世主弥赛亚在耶路撒冷举办的“义人之宴”。两个场景的灵感来源是《塔木德》和神秘主义的传统主题，即创世中光、天、宇宙的创造和以西结看到的战车异象，这种传统主题在5世纪至6世纪兴起于巴比伦，并在11世纪初影响到了西班牙和法国。

◁ 昂布罗修图书馆，《以西结书》抄本第136页

昂布罗修图书馆，《希伯来圣经》最后两页的插画

这两页插画的创作者身份不明，但如果我们将画中的装饰元素与同时代插画中的类似元素进行比较，可以大体将其所处年代定位于法国文艺复兴时期，并且可以得知这本《希伯来圣经》抄本是由两位技艺精湛的抄写员完成的，一位负责抄写辅音，一位负责抄写元音和马索拉经文；同时，他们需要与为整本《圣经》绘制插图的希伯来画师合作，有时也需要基督教艺术家的帮助，整个创作过程历时两年[24]。按照犹太人的纪年法，创世后的第四个千禧年恰好是1240年，与当时的时间相近，沙列夫·埃尼在研究中指出，救世主创世是当时所有作品重点强调的主题。

在反犹太迫害的年代，以色列殷切期盼救赎的到来，这种期盼也是处在欧洲基督教大环境下，量小力微的犹太文化的一种常态。但是，犹太文化仍在欧洲宗教和文化史上写下了浓墨重彩的一笔。

2. 伊斯兰文化

除了犹太人的文化对人文主义和文艺复兴的发展做出了贡献，通过阿拉伯文和波斯文的传达，伊斯兰文化也为人文主义和文艺复兴提供了不可或缺的养分。从7世纪到13世纪，伊斯兰文化圈从直布罗陀海峡扩展到了爪哇，伊斯兰文化圈的地理位置大体处于中国—印度文化圈与欧洲文化圈之间。虽然成吉思汗的后代孛儿只斤·旭烈兀曾于1258年血洗巴格达，但是当时各个文明间的思想、知识和经济交流仍在继续并产生了重要影响。

自建成以来，昂布罗修图书馆就在费德里科·博罗梅奥的领导下，逐渐成为研究和传播东方学的重要场所。在昂布罗修图书馆收藏的古代东方文献中，最丰富的是阿拉伯文的文学作品，其中载于长方形羊皮纸上的、配有精致插画的《古兰经》抄本，创作于八九世纪，历史悠久，令人叹为观止；这里也不乏配有精美插画的科学著作的抄本，如阿尔·贾希斯的《书中的动物》(D 140 inf.)，该抄本创作于15世纪，绘有宫廷、女眷内室、狩猎、捕鱼和捕鸟等场景。另一份具有重要价值的科学类抄本是《医学研讨》，创作于13世纪，抄本中有11幅由伊拉克摩苏尔艺术学院（la scuola artistica iraqena di Mossul）创作的珍贵的插画。

الكحال قال هذا شيء يتعلق بشيخنا أبي أيوب قال أبو أيوب أشرب هذا

القدح وأسله ثم أخذ القدح ودفعه وتأمله وقال هذا والله كما

قال الشاعر

فكأن الزجاج قطرة ماء جمدت والعقار جمرة نار

ات بالله يا سيدي غنني صوت أستاذنا إسرائيل الكحال فاندفع وغنى

قالوا اشتكت عينه فقلت لهم من كثرة القتل نالها الوصب

حمرتها من دماء من قتلت والدم في النصل شاهد عجب

ثم هزجه

مريض الجفون بلا علة ومكحل الطرف لم يكتحل

شكا حسنه قبح أفعاله فأثر في وجنتيه الخجل

《医学研讨》的作者伊本·巴特兰是11世纪的作家、医生、基督教神学家。伊本·巴特兰曾供职于巴格达阿巴斯王朝，后来移居开罗、君士坦丁堡，并且应牧首[25]迈克尔·塞拉里奥的要求撰写了一篇关于圣餐的文章，因为当时基督教和伊斯兰世界在科学、文化领域均有合作。

两个世纪后，1273年，他的作品在埃及亚历山大由穆罕默德·本·凯撒·伊斯坎达里重制，以流畅华美的纳西（nashī）书法抄写在122张中型纸上。佚名艺术家为这篇文章绘制了精美的微型画，这幅微型画受到了叙利亚学派的影响（而叙利亚学派也受到了蒙古地区的影响），是13世纪马穆鲁克插画艺术中一幅很特殊的画，也是世界上现存为数不多的、将具象艺术与科学文本完美融合的例子之一。

《医学研讨》抄本的第15页配有一幅插画，画的是5位医生，他们正在讨论特定药剂的疗效，旁边有一位奏乐的仆人。精妙的笔法描绘出了每个人物的脸部特征以及服装细节，作品背后隐含着多文化、多学科背景：五颜六色的丝绸，各式各样的头饰、地毯，不同的姿态与眼睛，人物脸部的细微差别，暗示着研讨者来自非洲、中东、中亚等地区。

◁ 昂布罗修图书馆，《医学研讨》抄本第15页的插画这幅插画展示了多民族、国际性的科学与艺术交流，展示了地中海以及其他中心地区的特殊学术氛围：从杰拉德·德·克雷莫纳（1114—1187）所属的西班牙托莱多文化圈，到13世纪中叶巴勒莫皇帝腓特烈二世为文学艺术提供的赞助，再到后来雷蒙多·鲁尔对维埃纳大公会议（1310—1311）法令的决议，即在巴黎、罗马和牛津的主要大学用东方语言开讲座的决定，都展示了当时特殊的学术氛围。

3. 彼特拉克

欧金尼奥·加林认为，托斯卡纳地区第一批人文主义者的文化研究聚焦于诗歌、艺术、科学和哲学领域，虽然这些研究到最后基本变成了抽象且无意义的逻辑论证。在人文主义者中，但丁是奠基人，彼特拉克也非常重要。

彼特拉克与柯拉·迪·里恩佐于1347年见面，此后，二人开始为人文主义寻找理论佐证，宣传“改革”的必要性，恳求教皇从阿维尼翁迁回罗马，以实现罗马周围地区的复兴。1367年，彼特拉克写下了《论自身及他人的无知》一文，强调人文主义和文艺复兴的普遍性意义，认为文艺复兴不能局限于文学复兴，还需要扩展到哲学和神学领域，最好能与洛伦佐·瓦拉的理论结合，使其延伸到伦理、政治和制度层面。

当时，出现了一种新世纪的宗教焦虑，一场关于“人”的颠覆性探讨首先出现在意大利，再蔓延到整个欧洲，人们开始走向新世界（哥伦布发现了美洲大陆）、新宇宙（哥白尼的“日心说”）、新教会（路德引导了宗教改革）。艺术家如同先知一般，在建筑、绘画、雕塑、音乐、诗歌等领域预见了创造和谐世界的可能，就像彼特拉克在《晚年集》（*Seniles*）中所述：“要对自己充满信心，并在创作中结合新旧。”人文研究包括对于人性共同点的探询：从人是有共性的人（《宗教之安逸》，*De otio religioso*）到对“善”（《人之善》，*Ceterorum hominum caritas*）、“真”的追寻（《心中的秘密与真实》，*Intimum veritatis archanum*），最后到《关于人的研究》（*Humanorum studiorum cura*）。彼特拉克认为，“人”只有在与他人的共存、对超然的神的追寻中，才能找到自己的存在。而同一时期，达·芬奇、米开朗琪罗、拉斐尔等人，也在以自己的方式诠释了这些人文主义理念。

欧洲、亚洲一直在寻找人文主义的根基，两洲在文学艺术领域不断对话、交流。在欧洲14世纪的众多绘画杰作之中，我们都能看到人文主义的影子。而在这些作品中，《维吉尔寓言》（*Allegoria di Virgilio*）无疑是将绘画与文学融合后表现人文主义思想的典范。1338年，西蒙·马尔蒂尼（1284—1344）为友人

Ytala pclaros tellus alis alma poetis.
Sz tibi grecoz dedit hic attingere metas.
Servius altiloquii retegens archana maronis.
Ut pateant ducibz pastoribz atqz colonis.

彼特拉克创作了微型画《维吉尔寓言》，诗人彼特拉克亲自为这幅画创作了三组拉丁文两行诗。

画中有五位主要人物，他们处在具有象征意义、以抽象形式展现的自然之中。画中的农民和牧羊人代表着维吉尔的《农事诗》（*Georgiche*）和《牧歌》（*Bucoliche*）中的人物，他们正在全神贯注地进行艰苦的工作，但目光依然望向上方的诗人。场景上半部分里，维吉尔是主角，他刚刚获得写作灵感，表现得欣喜若狂，手里握着笔，目光望向天空。而语法学家塞尔维乌斯则正在为国王埃涅阿斯介绍维吉尔，罗马文明之父埃涅阿斯拄着长矛，神色平静。

整个场景表达了从以王权为代表的俗世到天国的升华，而文学则是升华的桥梁，这是对“文学信仰”的首肯，恰如中国对“文”的价值的肯定。

将诗句、书法艺术、绘画艺术融为一体是中国传统文化的一大特征，彼特拉克在创作时也有类似习惯。他创作了三组两行诗来进一步解释作品，其中两组居于画的中间，一组位于画的下方。

◁ 昂布罗修图书馆，《维吉尔寓言》，西蒙 · 马尔蒂尼绘，彼特拉克诗

伟大诗人的孕育之地意大利

只有他（维吉尔）使你与罗马齐肩！

塞尔维乌斯揭开马罗（维吉尔）思想的深邃奥义

让领袖、牧者、农民都参与其间。

曼托瓦是诗句创作者维吉尔的故土

锡耶纳是场景绘制者西蒙的故乡。[26]

在第一组诗句里，彼特拉克以自豪的语气，将意大利置于文艺复兴的中心。这场复兴从古希腊蔓延到古罗马，将文明最灿烂的成果带到了全世界。第二组表面上说塞尔维乌斯，其实是在说彼特拉克自己，他通过对维吉尔的作品进行注解，以更加生动的方式展现了其中的深邃奥义，自己则扮演着古希腊、古罗马文化和人文主义思想的传播者。彼特拉克以庆祝的口吻用最后一组诗句赞扬曼托瓦和锡耶纳地区，以表明托斯卡纳大区孕育了文艺复兴运动，就像曼托瓦孕育了维吉尔。

这幅精妙绝伦的画作融合了天、地、人，而这三个维度在中国文化世界观中也至关重要。维吉尔和埃涅阿斯二人手中分别握有笔和矛，这两个元素也与儒家文明的基本能力文、武相对应，而实现和平也需要文学与武力。这幅精妙、高雅的画作也没有忽视尘世里看似最微小、最日常的方面，比如农民与牧羊人这两个象征性形象，他们作为整幅绘画的基础性元素，与动物和植物一起被绘在页面下方，画面上方的三棵树象征天国之巅的边界，植物绘出了尘世的界限。语法学家塞尔维乌斯在画面中心，他象征着对于作品的权威性评论，与之对应的是彼特拉克的诗句，彼特拉克在三组亲笔写就的两行诗里，总结了他的人文主义理念：意大利从古希腊和古罗马获得灵感，成为文艺复兴的中心。彼特拉克接手塞尔维乌斯的诠释工作并解释道：意大利的曼托瓦是维吉尔的故土，意大利的锡耶纳是西蒙·马尔蒂尼的故乡。在这里，文艺复兴运动的主要人物独辟蹊径，试图通过对古希腊、古罗马古典文化的寻根之旅，重拾过去几个世纪里被遗忘的记忆，将未来的新事物与年深岁久的过去结合在一起。过去与将来在这里相遇，与当下携手并进，打破了宗教传统设下的界限，渴求建立一个面向所有人的，汇集真、美、正义与和平的共和国。此外，在“文艺复兴”概念中，“复兴”又有“复活”的含义，带有浓厚的宗教色彩，如盛行于地中海地区一神教中的“复活”，与印度传统里的“重生”。

三、文艺复兴对东方的影响

欧亚大陆孕育了诸多辉煌的文明，如诞生于印度次大陆、近东、中东、地中海及其周围地区的文明，海上航线联结了这些文明。这些文明源远流长且影响深远，经历了几千年的发展进程，直到今日仍在孕育新的艺术思潮，而这些艺术思潮也彼此交融。

通过加林的研究，我们可以认识到东方文明对18世纪至20世纪现代欧洲文化的影响，这种影响集中体现在三个方面：推动了宗教批判意识的形成与犹太教、基督教的发展；推动了新的人类多元文化观的形成；推动了理性批判意识的形成。[27]欧洲文明对东方也有影响，如涉及科学、人文、艺术、宗教等领域的文艺复兴运动的经验在欧洲以外的国家起到了一定作用：文艺复兴思想在世界范围内传播，推动了斯拉夫地区的文艺复兴；在过去的两个世纪里，在亚洲次大陆上，文艺复兴见证了波澜壮阔的“印度文艺复兴运动”，而蓝穆·莫亨·劳易、拉玛克里斯纳、辨喜、泰戈尔、甘地等人则是这场运动的主角。

日本在明治时代（1868—1912）开启现代化进程以后，引进了欧洲的艺术分类体系，形成了“美术”概念。基于小川弘光的观点，小佐野重利指出：西方思想在亚洲传播，把“艺术”概念带到了各个国家，对不同国家“艺术”概念的形成至关重要。[28]日本对西方艺术采取开放、接受的态度，一直十分关注意大利文艺复兴的相关研究，从20世纪40年代到今天，与西方一直保持着文化交流，经常举办与文艺复兴相关的大型展览。

那个时候的中国，却正处在半殖民地半封建阶段（1842—1949），见证了外国侵略者和本国军阀带来的战火，也见证了中国共产党与民主党派的诞生。新中国成立后，钱谷融（1919—

2017）基于中国传统思想中“真、善、美”的和谐原则，强调人的中心地位，宣扬“文学是人学”。后来“以人为本”的思想衍生出了其他不同的思想，如“寻根”思想及先锋派愤世嫉俗的激进思想。在当代百家争鸣的局势下，中国对意大利文艺复兴的关注有所提高。2016年9月，值清华大学艺术博物馆建成之际，意大利昂布罗修图书馆在此举办了关于达·芬奇的重要展览，这也印证了中国对于意大利文艺复兴的关注。

在研究中国宋朝（960—1279）杰出的艺术瑰宝与繁荣的市民文化时，谢和耐将“文艺复兴”的概念应用到了对这一时期的描述中。在华夏千年历史长河里，名类繁多的艺术在历史中留下各自的足迹，相关研究数量也在逐渐增多。而借助这些研究，我们可以更好地认识到谢和耐所做的比较研究的价值。

中国历史上很有可能存在多个“文艺复兴”，它们之间有联系，却并不是连续的。宋朝一统中原后，成为当时世界上最富庶、宏大的社会群体。李成（919—967）融合南北风气，以《晴峦萧寺图》为皇家绘画带来新风，中央高峰重叠，象征宋王朝在天地万物之中，譬如北辰，众星拱之。宋朝是中国传统艺术的鼎盛时期，有着极高艺术造诣的宋徽宗（1082—1135），以及苏轼、米芾、文同等文人墨客，实现了熔绘画、书法和诗歌于一炉的美学理想。这一时期的人们渴望获得知识，而这种渴望也开始涌向文化的方方面面，天文学、数学、考古学和史学得到传播，平民与贵族阶层都参与其中。这一时期，以新儒学、道学为代表的哲学，调和了人类中心论与宇宙中心论，肯定了人类活动与伦理的重要地位。

在距唐宋几个世纪的今天，我们正在见证一场充满风险与机遇的、世界范围内的宏大文艺复兴。笔者认为，从全球的视角来看，为中国文化添砖加瓦的知识分子、艺术家，他们做出的贡献应当得到褒扬。在对欧洲文艺复兴人文、科学根源的探寻里，伊斯兰、非洲、中华文明的创新为文艺复兴注入了活力，它们与同样伟大的地中海地区传统文化遗产，即现代欧洲—北大西洋文明一起，正在共同推动全球文明进步。而且，就像文艺复兴时期的主要人物所说的那样，我们不能低估这个时代的风险与挑战：莱昂·巴蒂斯塔·阿尔贝蒂和达·芬奇都预见到了人性湮灭可能带来的悲剧结局——人性的消亡会使世界变成荒漠。他们二人，一人以戏剧形式，一人在绝对理性中，展现了文艺复兴的不同精髓 。作为古典主义的永恒遗产，这两种形式融汇于“未来”，让人类在共享人文瑰宝中，超越人性的冷漠，强化对于人类共同责任的共识。

四、中西文化在人文主义方面的交流

在亚洲，唐宋两朝的艺术、文化、社会繁荣与欧洲的文艺复兴遥相呼应。[29]然而，在这些科学、艺术的辉煌时期，中国文化并没有有意识地与西方文化建立直接联系，双方的交流有很大偶然性，局限于少数孤例。

欧亚两大文化第一次实质性的交流，是在利玛窦和其他耶稣会传教士抵达中国后实现的。根据耶稣会士亚历山德罗·瓦利尼亚诺的描述，传教计划覆盖整个亚洲，包含日本、印度，后来更是扩展到了中国的西藏地区。[30]耶稣会士朱塞佩·伽斯底里奥内（中文名郎世宁，1688年生于米兰，1766年卒于北京）于清康熙、乾隆时供职朝廷，他积极创作，是中西艺术交流在形象艺术领域迈向新阶段的标志性人物。然而这一阶段，中意交流史中鲜有关于意大利文艺复兴的明确记载。[31]

清末，中国对西方初步开放。这一开放以“中学为体，西学为用”为纲领，涉及很多方面，传播西方文化的方式并不激进。这一时期，欧洲艺术流派的现代性和现实主义色彩，在海上画派和岭南画派的笔尖肆意流泻。从整体来看，当下中国艺术家的创作风格并不固定：有的画家，如丁方，从托斯卡纳文艺复兴中直接汲取灵感；有的画家，如崔如琢、冯远，坚持创作花鸟画、山水画，延续国画传统；也有的画家借欧洲古典艺术，翻新国画的传统题材与技法，何水法便是个中代表；其他艺术家如刘小东，继承现实主义传统，关注微小细节，勾勒普通人的面孔。在文学领域，韩国诗人高银、金光圭与刘小东讨论相同的主题，作品中隐含着一种对平凡日常的关切，隐含着一种人文主义倾向与对现实的关注，[32]“中国新诗”派的创作也流露出诗人对于人文主义的向往。[33]

昂布罗修图书馆，何水法，《香色鲜浓》

ESTETICA, SCIENZA E FEDE

400 ANNI DELL'ESPLORAZIONE DELLA

BIBLIOTECA AMBROSIANA

第五章

基于文化层面的一些思考

一、中意之间

中意两国在地理位置与面积、人力及经济资源、历史和文明上有着天壤之别。鉴于这种显著差异，有的人会受差异影响，选择更直观的比较方法：对比地缘关系相近、具有类似特征的国家或地区，构建合适的比较模型。意大利语中的Cindia（意大利语中中国和印度的合成词）一词，就是一个体现中印对比的很好的例子；而在古代，便已有作者使用相似术语Serindia来表示“中印”。选择中国和印度并非出于偶然，这种对比有其历史渊源：在公元前10世纪至10世纪，在与中国的科学、思想、文化交流当中，印度的地位举足轻重。[34]同样，古罗马常常与中国秦朝（前221—前206）联系在一起。

秦朝的人们对那个神秘而遥远的拜占庭罗马帝国所知甚少；1500年之后，西方步入现代，欧洲与中国的关系开始日趋紧密，但双方在交流过程中也不乏冲突；到20世纪，中国开始研究、学习西方，以为其主要改革寻求经验。西方的主要改革，为中国的共和立宪、资本主义、社会主义制度探索提供了经验。

意大利在中西交流中有着重要地位。在双方的古代交流史和未来的关系走向方面，已有详尽精细的研究。[35]1970年中意建交后，意大利对中国愈发感兴趣。但是，如果我们深入研究20世纪初期中意政府之间的关系，就会发现意大利方面明显缺乏一种具有创新性的自主战略，与国际性联盟和欧洲大国相比（如英国），这一点尤为突出。[36]这种惰性，是20世纪下半叶中意关系发展不活跃的原因之一，尽管意大利是西方最早承认中华人民共和国（继戴高乐领导的法国之后）并互派大使的国家之一。而正如我们所见，20世纪的中国十分关注意大利，主要原因是当时的中国人希望“洋为中用”，推动本国发展。

1. 中国人眼中的意大利

《马可·波罗游记》的作者对于忽必烈可汗时代的描述十分引人入胜；17世纪初期，来自意大利马切拉塔的耶稣会士、科学家利玛窦在他从北京寄到意大利的信件中[37]，十分详尽地描述了中国。但是，有关中国人眼中的意大利的描述却寥寥无几。对意大利的最早描述，可见于18世纪初期范守义（1682—1735）的作品。[38]

1708年至1719年，范守义在耶稣会士艾若瑟的陪同下出使欧洲。回到中国后，应中国宫廷内部要求，范守义用简明客观的笔调撰写了回忆录《审鉴录》。不论是欧洲，还是当时的清朝，总体形势都是瞬息万变的，因此，这部著作的内容，在当时的作品中是绝无仅有的。

一个世纪后的意大利复兴运动时期[39]，意大利正朝着建立统一君主立宪制国家的目标行进，中国却正在承受欧洲殖民国家带来的鸦片战争（1840—1842及1856—1860），遭受不平等条约的羞辱。大致同一时期，法国、英国、德国、俄国和日本试图控制亚洲地区并削弱大清帝国的力量，而帝国飘摇，清王朝已然被前仆后继的人民起义撕裂。

这一时期，中国开始向欧洲各国派驻第一批外交使节，但是从意大利的角度来看，派遣使团不过是对但丁、彼特拉克故乡的“壮游”传统（Gran Tour）的模仿，而且中国人无法组织安排翻译，以传播更新的儒家学说。中意双方交流滞后，甚至直到1891年，驻罗马官员薛福成仍然把1623年在杭州出版的地理著作《职方外纪》作为出行指南。从薛福成的

壮游

18世纪以来欧洲富有的贵族们进行的横跨欧洲大陆的长途旅行，目的是学到更多东西，时长不确定。

记录中我们能看到，他以开明的态度看待基督教的宗教性。在罗马期间，他写道："惟余谓西国天主等教，亦已早失耶稣之真传……大抵教王究竟如中国之僧道，于所谓牧民治民之法，茫无所知。"[40]从这种比较中，我们能感受到，彼时儒家思想仍为主流，作者明显受到儒家思想影响。这一时期，中国在文化、政治上坚持推行洋务运动，试图调和儒家传统与西方现代性。

帝国江河日下，改革如火如荼。除宗教以外，意大利在历史、政治等方面的经验，都可能对当时中国的状况有所帮助。清朝末期的"自强运动"在19世纪80年代中期以失败告终，之后，民族改良派在1898年6月11日至9月21日的"百日维新"中，取得了短暂胜利。

康有为和梁启超等代表人物的思想与他们推行的政策具有明显的民族主义乌托邦色彩，他们以意大利复兴运动的三位主角（加富尔、加里波第和马志尼）为典范，而这三位领袖人物的著作在梁启超流亡避难之时，在日本已是家喻户晓。[41]梁启超在很多作品中都阐述了他的观点，并将意大利经验作为中国复兴的蓝本："只有意大利与今日中国有相似之处……三位意大利英雄可以成为中国人民的榜样。"[42]甚至但丁也以"得道仙人"的形象出现在了《新罗马》传奇剧本中，在剧中，但丁试图唤醒自由精神，推行复兴运动。[43]

也有其他在欧洲享有盛名的作家的作品被翻译成了中文，如意大利人佛弼执礼翻译了贝卡里亚的名著《论犯罪与刑罚》第12章——《酷刑逼供论》，目的是让当时中国的当政者得到启示，从而实现刑法现代化、改善人权。

康有为于1904年5月到访意大利，他坚信意大利与中国，在源远流长的文化、发展滞后的工业、农业经济、移民问题等方面有着潜藏的共通之处，由此他得出了双方追求共同目标，有着共同利益的结论。

之后，在20世纪的前几十年里，中国的各种运动与相关杂志，如新文化运动和《新青年》杂志展现了文学复兴的宏阔面貌。[44]肖开愚则指出，文言文向现代汉语、白话文的过渡过程，与但丁所经历的文艺复兴前期及文艺复兴时期的语言变化，有很多相似之处。[45]

康有为提出的某些倡议，从今天来看无疑是过时的，但是，他所注意到的部分问题至今热度不减，比如移民问题。当然，现在意大利移民潮的方向与彼时完全不同。其他类似的热点议题局限于社会生活的日常层面，集中于时尚、体育、餐饮等领域。除了上述问题，也有更多不同层面的对比，比如当意大利正在向日趋紧密的欧盟迈进时，中国却正在试图平衡社会和国家的各个组成部分。可以说，此时中国正试图理顺民族、文化、国家之间的关系：基于主流文化（汉族、汉文化等），融汇少数民族的重要元素，从而熔铸多元文化。这一主题也是中欧双方的共鸣所在。最后笔者想指出，意大利也应看到当代中国超凡的创造力与繁盛的艺术创作，不断反思，让东西方文化在深入交流中各抒己见。

2. 桥梁还是壁垒？

通过古今对比，我们可以知道应该抓住哪些要点，作为探寻交流与合作之路的基础。有人指出，虽然中意两国有明显差异，但是我们仍然需要基于双方的类似处境、本质上的共通之

杭州湾跨海大桥

处，构建稳定且灵活的交流机制，让两国关系更加紧密。当前中国社会高速发展，但以往历史的分量依然不容小觑，只有通过历史，我们才能找到平衡，让人在快速发展中不致迷失。意大利整体情况与中国类似，面对今日之如何协调地方主义和全球化关系的命题时，历史可以教导我们如何在不同的民族及其文化、各个岛屿与半岛、不同大洲及其思维模式之间建立“桥梁”，尽管此前它们是无法沟通的。威尼斯的大运河上，卡拉特拉瓦玻璃桥在阳光下闪闪发光；在宁波，东海的数千座岛屿与大陆之间，有一个世界上绝无仅有的桥梁网。二者的相似性绝非巧合。桥梁也帮助人们越过了很多古老传说中无法跨越的距离，比如在神话里，西西里岛与意大利本土之间的女海妖斯库

拉与卡律布狄斯，阻碍着想要跨越墨西拿海峡的人，而横跨海峡的大桥则冲破了他们的阻拦；横跨欧亚大陆的博斯普鲁斯海峡大桥也是如此。这些桥梁都有着明显的政治、社会和宗教意义。或许我们没有意识到，但是我们正在见证一个与“建设长城”（目的是阻碍外敌）相反的现象的发展——“搭建桥梁”（目的是与外界沟通），而在西方神话中，桥梁曾是人们的梦想。

在印度、希腊和罗马文明中，桥梁、海洋和道路的表达非常相近，比如梵语的“路径”（panthah）、希腊语的“海洋”（pòntos）、拉丁语的“桥梁”（pons）。古代地中海文明与近东文明，在几千年前就意识到了建立联系的必要性，人们首先通过大河沟通交流，如尼罗河、底格里斯河、幼发拉底河，随即通过处于中间位置的海洋——地中海来进行联系，地中海之于古代地中海文明与近东文明，就像中原之于中国。

希腊的古典主义文学，如荷马的诗篇与《尤利西斯》就曾描述过跨越海洋的旅程，柏拉图的“第一次航行”和“第二次航行”也分别代表了“形而上之旅”和“理念发现之旅”[46]。通过直布罗陀海峡，地中海这一巨大的内海得以与外界相通，对于生活在这片海域附近的人们，希腊和意大利这两个半岛就像两座指向无限的桥梁，两块陆地就像两条向海洋延伸的巨龙。而在亚洲，水与陆的角色交替，黄河与长江这两条巨龙在中华大地上巍峨盘旋。在意大利，有一些具有暗示性的城市名称，比如米兰（Milano），它的名字有联结河道的“连接线”（mid-lane）的意思，也有“中间地带”（mid-land）的含义，用以指代桥梁网与互联互通的网络之间的节点。中国也有类似的情况：以“通”字命名的地名，反映了该地作为交通要道的地位，如北京的通县（取“漕运通济”之意）、甘肃的通渭、内蒙古的通辽。道家宇宙观认为，阴阳处在交替变化的运动中，是存在的起源，二者和谐共舞，与“无为”的相对静止形成鲜明对比。而无为，是否可以被视为连接阴阳的桥梁呢？

马可·波罗深刻领悟到了桥梁的价值。他在《马可·波罗游记》中坚称，在中国，他曾亲眼看到成千上万座桥梁，他流连于桥梁之间，在苏州和杭州细数运河与湖泊上的一万两千座桥梁。而直到今日，我们方才知晓，铺就桥梁的每一块砖石下，都流淌着无名劳工的汗水。我们今日的交通与交流，也是建立在无数先人的辛勤付出之上的。

我们要有批判性的视野，不应被简化的信息所误导，而这在某些成见与误解中处处可见，比如欧洲反犹主义者也曾愤怒指控以色列人残害儿童，谎称他们进行残忍的“杀婴仪式”。毫无疑问，那种能够信口编出这种罪行的病态心灵，才是滋生、散播此类谣言的真正温床。而不得不指出的是，欧洲古典文化

陕西黄帝陵

中却有类似的故事，比如古希腊神话中的第二代神王克洛诺斯食子；在欧里庇得斯的悲剧《酒神的伴侣》中也有酒神的追随者残忍杀子的故事。

每一代的中国人都能适应不同的文化，并且顺利参与到文化对话中，如同坚韧且灵活的竹子。对于了解中国历史的人来说，中国人的开放态度并不令人惊讶，这一点从他们对意大利文化的好奇，对源于古希腊、古罗马的古典文化和文艺复兴时期的一切事物的兴趣中就能发现。

对于这些具有普遍意义的文化根源的探寻，为各个文化的传播打开了大门，也有利于中国人融入意大利的社会和经济体系。双方互惠互利，也让越来越多的意大利年轻人得到机会，带着他们的智识与同理心，融入中国社会。这种包容差异的世界性视野，已经慢慢在中国文明中植根、生长，而在意大利，从最初的古代史开始，我们就已经有类似的文明融合的例子了。

很多看起来十分矛盾的事物，在中国是可以共存的。其实，中国宋朝时就已经出现了现代社会的萌芽，在当时也引发了许多争议，时间上比西方早了足足一千年。我们不能忽视，中国历史上曾多次出现大规模的经济、文化、社会、科学和技术变革，面积广阔地区的人口增长是这类变革的明显表现之一。[47]有的因素，比如海洋贸易扩展、大庄园发展、城镇化进程、制造业及工业繁荣、系统的现代税收制度的引入、第三产业即服务业的演变，以及宗族、行会和协会组织的完善，都会产生重大影响，而上述种种在宋朝都曾出现。这个时代，艺术领域最伟大的人物之一便是画家张择端，其作品《清明上河图》展现了中国的繁荣图景，彼时的宋朝已然极度现代化了。只有回顾过去，并且以全局性的视野回看历史长河，回看它的复杂性及其内涵，方能以更客观的态度评价当下的现象，比如，我们需要正确认识工业化的优劣，意识到放任工业吞噬一切是极度危险的，生态也会惨遭破坏。

历史、文化领域的影响因素对中国文化的影响也十分惊人，如果我们将其与意大利文化进行对比，也能找到重点，体味到某些耐人寻味之处：文化、科学和艺术，是联结意大利各个历史阶段的纽带，其中包括希腊—罗马古典时期、中世纪、文艺复兴、现代及当代，而直到今天，这一切在中国人眼中都是极具吸引力的。在发展过程中，意大利渐渐发觉自己处于核心的决定性地位，至少在世界力量重心转移之前是如此。地理大变革、科学和工业革命决定了世界力量的变化，这种变化于20世纪达到了顶峰。与此同时，意大利丧失了政治和经济上的中心地位，其知识、艺术魅力也不免黯然失色。经历了民族和文化的大洗牌，意大利再次发觉，自己正处于欧洲、亚洲和非洲三足鼎立局面的中心，而且当下的紧张局势变幻莫测。与此同时，中国正在走向世界舞台中心，尤其是在亚洲和太平洋地区。在建设连接东西方的桥梁时，若想为建立桥梁寻找支点，意大利可以考虑借鉴已有的交流经验，如从意大利与日本、中亚的某些地区，以及巴尔干半岛（以阿尔巴尼亚为首）的交流经验里寻找范例。两国需要寻找共性，比如以“残酷的历史错误”“弥补历史错误”为主题的作品，就体现了一种相似性：在南京大屠杀的伤口尚未愈合的情况下，普利莫·莱维叙述纳粹浩劫的作品被翻译成了意大利文、中文和日文。

如果人们想要建造沟通之桥，并在某个方向上找到一个或多个支撑点，就需要从建造“桥梁”的目标区域中，寻找主要的力量来源。我想，在那些保证了中国稳定发展的思想理念中，有不少仍在发挥作用，比如“世界大同”、多民族融合发展、共同繁荣等。此处，我们仍要强调文学和文化所带动的统一力量：庞大的行政机构和区域性的自治机构乡绅（地方中产阶级）组成了稳定的社会结构；通过设立大学、优化教育体系、建设高等院校，文化和科学研究不断发展；从实际实践层面，需要将个人的自发性，与家庭、国家等社会形式相结合，形成不同的交流模式，推动自由批评，达成共识。从不同国家的现状之中，找到结构性的相似之处，能够让这些国家之间更好地开展协作，协作的力量不只是推动经济发展，在更宽广的视域下，它能使不同国家的人民共享财富、共创机会、共商计划。这样，人们也会更加关注人格与良知、自由与权利、政治与民主等话题。

3. 欧洲—中国的一点展望

欧洲不仅在经济上扩张，而且进行文化输出：在发掘与审视地中海和东方（阿拉伯、伊朗和斯拉夫）思想文化根源的同时，在沿袭欧洲各民族古典、科学和文学传统时，欧洲也以开放的视野、包容的心态面对非洲和东亚的文化。与此同时，中国也在深入认识、发掘各个民族的文化宝库，以一种和平、公平的方式走向世界舞台，它将成为各个国家的榜样。

现在，中华文化正试图融入世界上的其他文化，而知识的自由流通，则是实现这一目标不可或缺的大前提。自震惊西方的“9·11”事件之后，如何让新旧价值观共存，仍是解决紧张局势、找到和谐相处模式的关键所在。绵延几个世纪的儒、释、道“三教合一”，仍可为我们提供经验，调和不同文化、不同宗教之间的关系。今日，中国改革和现代价值观，可以为解决西方后现代思想中的问题提供思路。

二、包容精神

两千年前，随着中原社会与文明的发展，中国开始出现移民现象，这一现象始于公元前450年至公元前222年，按照史书中的朝代划分，是为“战国时期”。彼时战国七雄赵、韩、魏、秦、齐、燕、楚互相攻伐倾轧，战火连绵不断。而胜利，终将属于那些超越传统藩篱的人，属于那些能够克服偏见与封闭思想、克服愤世嫉俗的心态且并不暴戾的人。彼时，孔子（前551—前479）具有平民色彩的人文学说，在周王朝传扬了2个多世纪，却仍未能延缓因皇亲贵胄纷争而引起的王朝倾颓。公元前249年，秦国击败了周朝的最后一位统治者，当时周朝的都城在洛邑，靠近今日的洛阳。秦王嬴政即位后，加快了统一的步伐。他任人唯贤，对于有才能的人，不管是不是秦国人，基本都会予以重任。但在韩国水工郑国实施“疲秦计划”失败后，秦王嬴政听信宗室大臣的进言，认为来秦的客卿不是真的效忠秦国，于是下令驱逐客卿。秦始皇最有名的客卿，即后来成为丞相的李斯，也参与了秦国关于反对“外国人”的争论，而李斯面对冰冷无情的皇帝，勇敢进言：

> 臣闻吏议逐客，窃以为过矣。昔穆公求士，西取由余于戎，东得百里奚于宛，迎蹇叔于宋，来丕豹、公孙支于晋。此五人者，不产于秦，而穆公用之，并国二十，遂霸西戎。……

今逐客以资敌国，损民以益仇，内自虚而外树怨于诸侯，求国之无危，不可得也。[48]

古代的谏言，反映了臣子不惧强权，即使将自身性命置于危难之中仍要规劝君主的大无畏精神。李斯的《谏逐客书》以及秦王嬴政的反馈也体现了中国的包容精神。这种精神在罗马帝国统治下的“公民”身上可见一斑。而公元前330年左右，古希腊伟大的哲学家亚里士多德在雅典提出希腊人天性优于外国人的论调，如果我们将李斯的话语与之相较，就能充分体会到这两个思想体系之间的差别。亚里士多德总结道：“外族人天性低劣，因此欧里庇得斯说希腊人统治野蛮的外族人是很正常的。”[49]面临同类问题时，中国的政治家不是靠着哲学理论解决它们的，而是使用了一种不改变该国人民的社会生活及习俗的实用主义方法。

显然，受亚里士多德思想中的保守主义色彩影响，在欧洲出现的基督教神学、理性主义等思潮，都认为“外族野蛮人”不能在政府就职，甚至奴隶制也凭借这种优先原则，找到了自己的逻辑依据。在实践中，亚里士多德最出名的学生——亚历山大——背弃了亚里士多德的理论，向东西方的“野蛮人”输出希腊主义的价值观，使其变成了世界的精神财富。伟大的马其顿国王亚历山大领军向印度河流域进发，与另一个学说——

佛教产生摩擦与碰撞，后者之后得到广泛传播，变得更加声名卓著。

摩揭陀的泛印度统治时期，于公元前245年在首都华氏城（Pataliputra）举行的佛教会议上，阿育王（前274—前232）颁布法令，指出各宗教间理应相互尊重：

> 不可毫无理由地蔑视其他宗派，其他宗派之人也有其值得尊敬的理由。这样做不仅颂扬了自己的宗派，也对其他宗派大有裨益。反之则会伤及自己的宗派，也会伤及其他宗派之人。因为那些妄自尊大，只推崇自己的教派而诋毁其他宗派的人，也完全背离了自己的宗派，原想提高自己宗派的荣耀，但反而给自己的宗派带来最大的伤害。因此，和谐才是最大的功绩。即像他人一样诚心诚意接受宗法。[50]

中西双方在时间和空间上各有不同根源，在全球化进程中，双方对比也更加鲜明，因此，一些学者希望从某些角度深入研究相关热门问题。不论是在中国，还是在欧洲，主体民族与少数民族总会形成一种辩证关系。这种关系在当今全球文化中显而易见，而且正如前文所示，它植根于远古时代，从彼时便已有不小影响。

1. 唐代的对外交流

在中国历史上，不少僧人（如法显、玄奘）前往印度访问佛家寺院，将经书带回并译成中文。这种以开放心态公开讨论每一类学科现象的做法，在中国得到了发展，在唐朝也得以延续。

638年，唐太宗在下令将《圣经》从古叙利亚文翻译成中文后，叙利亚的基督徒得以自由出入帝国。781年，西安的石碑（《大秦景教流行中国碑》）以中文和叙利亚文写就，文笔精练。其中的并序是由长安附近大秦寺的波斯景教教士景净（Adam-Jingjing，名字寓意干净、光明）编撰的，叙述了基督教的部分教义[51]：

> 真常之道，妙而难名，功用昭彰，强称景教。惟道非圣不弘，圣非道不大。道圣符契，天下文明。[52]

景净，虽来自波斯，却精通汉语，文学功底十分深厚。在碑文中，他大量引用中国典故和儒学佛教经典。在介绍部分之后，景净完整地引用了唐太宗638年的圣旨。[53]

> 道无常名，圣无常体，随方设教，密济群生。大秦国大德阿罗本，远将经教，来献上京，详其教旨，玄妙无为，观其元

宗，生成立要，词无繁说，理有忘筌，济物利人，宜行天下。所司即于京义宁坊造大秦寺一所，度僧廿一人。[54]

这块中文—叙利亚文石碑，坐落于今日陕西省省会的西安碑林博物馆。除此之外，还有一些中文—阿拉伯文的石碑在西安市大清真寺展出，它们是不同文化和信仰之间对话的见证。

2. 蒙古宫廷的辩论会

朝代更迭并未影响中原地区对少数民族的开放政策。蒙古人在与宋王朝（960—1279）兵戎相见后取而代之，建立元朝（1206—1368），其疆域从黄海到多瑙河，从西伯利亚到吐蕃，成了人类历史上疆域最为宽广的“半球帝国”。元朝沿袭了各族人民共处的传统，外国人可在政府中任职。

蒙古人来势汹汹的入侵，令欧洲君主忧心忡忡，为了避免事态恶化，教皇英诺森四世和法国国王路易九世试图与这个异常强大的大蒙古国结盟，并多次互派使节。[55]其中一位特使是来自法国的圣方济各会的修士卢布鲁克，他从阿克拉城（San Giovanni d’Acri）出发，远涉蒙古。从大蒙古国的都城哈拉和林（Caracorum）归来后，他为国王撰写了精确的报告和行程表。当时孛儿只斤·拔都统治着远至俄罗斯基辅的金帐汗国，旭烈兀统治着居于中东部、远至巴格达的伊尔汗国，蒙哥则统治着亚洲其他地区。修士卢布鲁克讲述了历时一年的旅行：作为大使的他是如何到达大蒙古国都城并觐见大汗的（1254年）。他告诉法国国王，在契丹王国[56]，即契丹游牧部落所在的中国领土，东叙利亚基督徒（景教教徒）分居于15个城市，其中有一位主教居住于Segin，很有可能是今天的西安[57]。

根据卢布鲁克的叙述，在五旬节期间他曾有过一段非同寻常的经历，参与过一场早期的宗教辩论会，蒙哥可汗也在场。卢布鲁克与摩尼教、佛教、萨满教、景教、伊斯兰教信徒，以及一位年长的维吾尔族祭司，都参与了辩论会。此前，方济各会的到来使得基督徒和穆斯林之间关系紧张，方济各会带来了新的宗教思想，也引发了对于某些问题的思考。当时，在大汗帐中，一名景教僧侣和两名颇有威名的伊斯兰教信徒之间也发生了冲突。几天后，卢布鲁克修士被邀请，或者不如说被教唆着与伊斯兰教信徒辩论，双方就信仰上帝这一核心主题进行辩论。但由于语言隔阂，卢布鲁克的话语听起来攻击性十足。因此，他需要一种直接、客观的表达形式，来解释清楚自己的观点。当时正是五旬节的前夕，四个教派的代表人物被召集到景教小教堂，由大汗任命的三名裁判向在场所有人解释了规则："任何人都不能挑衅他人，发表侮辱性的言论，或故意阻碍别人发言，否则将被处死。"[58]如果产生争执，会被迅速记录下来，送到大汗处，卢布鲁克修士的言行也被记录下来了。第二天，大

昂布罗修图书馆，热那亚人雅各布·维斯康提·马乔洛于1602年绘制的地图，图上绘有城市、帐篷、船只和五彩的旗帜装饰

汗命令他觐见，并说：

> 我们相信只有一位上帝，我们因他而生，因他而死，我们正心诚意面对他……但正如上帝创造的手有不同的手指，他也给了人们不同的道路。上帝给了你们《圣经》，你们基督徒却不遵守……而他给予了我们萨满教，我们谨遵教诲，在和平中生活。[59]

蒙古可汗的答复展现出了他的宽容，似乎很符合当时蒙古宫廷的情况，当时有部分妇女甚至高官，都信奉景教，可汗则明确表示他坚持尊重不同的宗教理念。

蒙哥继承者们的态度也没有改变。众所周知，成吉思汗的孙子忽必烈可汗，非常欣赏宫廷内外国人的才干与忠心，因此忽必烈可汗命令马可·波罗管辖一整个省，其省会为扬州。《马可·波罗游记》如是说："城甚广大，所属二十七城，皆良城也。……本书所言之马可·波罗阁下，曾奉大汗命，在此城治理亘三年。"[60]另一个类似的例子是马可·波罗对于镇江府的描述："这个城里有两座聂斯脱利派（景教）的基督教教堂，建于1278年。大汗当时曾任命这一派的一个名叫马薛里吉思的教徒管理这座城市，为期三年。"[61]马可·波罗对他所接触的民族的宗教有着浓厚兴趣，他不仅叙述了他所亲历的各种奇闻轶事，而且还叙述了与上述1254年争端类似的情节。这一点也印证了蒙古宫廷中的宗教多元化气氛。当时，犹太人、伊斯兰教徒、佛教徒和基督教徒经常一起探讨，每个人都力求证明各自宗教的价值。

3. 紫禁城内的宗教对话

在随后的朝代里，我们发现相同的宽容原则得到了沿袭。1610年6月17日，明朝万历皇帝授予利玛窦旅居中国的外国人所能得到的最高荣誉——皇帝亲赐葬地[62]。这位来自马切拉塔的耶稣会传教士之所以能获此殊荣，正是因为他将信仰和科学、友谊和对中国的尊重和谐地融为一体，同时坚守自己的伦理、宗教原则，并将欧洲的古典和人文传统熔铸其中。利玛窦将文化宣传与福音传播纳入同一计划之中，他用中文出版了欧几里得的《几何原本》、爱比克泰德的《道德手册》(编译后名为《二十五言》)，以及颇具人文主义风采的《交友论》、根据新科学标准制定的《坤舆万国全图》、与特兰托教义相关的《天主实义》。同时，他也与儒家官吏、佛教僧侣保持联系与通信，主动接触开封的犹太社区和伊斯兰教徒，竭尽全力反对葡萄牙人在中国领土上推行的军事殖民主义。他的思想与当时盛行的儒、释、道“三教合一”主张不谋而合。

我们在之后的清朝（1644—1911）也可以找到这样思想开明、包容的例子。史华罗指出，类似的宽容原则也被应用于政府官员的遴选。清廷自建立伊始，便有着多民族构成，其中主要是满汉两族。科举的地区与民族配额制度，保障了官僚机构招聘时，少数民族群体的占比平衡。[63]清朝坚持多元文化对话的态度，但也不乏冲突，比如中国当时的“礼仪之争”中，有这样一个涉及基督教的事件。康熙皇帝（1660—1722）被多明我会、方济各会和耶稣会之间的持续争论激怒，于1714年12月8日命在京的教士去函教廷[64]：

> 朕光天化日之下，无所不容，各国之人来中国，朕俱一样恩待，是以尔西洋人来中国者，朕俱一体恩养，设有中国人到西洋去，尔天主教着尽遵孔子之道，尔西洋人不但不能容留养育，必至饥寒冻馁。[65]

三、经　世

如果想理解中国人的思维模式，也需要关注另一个重要概念——“经世”，即“仁政爱民、关心国事”，它一直存在于新儒家思想中。如果我们把它和英文的“关心”（care）一词、意大利语的“照顾”（curare，为他人的健康和福祉服务）一词、拉丁语的“元老院”（Curia，权威中心）一词对比，就能更好地理解“经世”这一概念的内涵。明朝期间，这一思想仍是各哲学思潮的共通之处，且在1638年定稿的《皇明经世文编》中得到了充分体现。此书也涉及了经济、政治领域。在当代的思想和文化中，它也并没有销声匿迹，甚至作为核心、要点，出现在中国政府推行的教育计划之中，从而抑制腐败的滋生。儒家思想中一直存在着“仁政爱民”的精神，它植根于延续几个世纪的文学和社会传统中，公共场所的修复可以侧面体现这一精神，比如古老孔庙的修缮。仁政爱民是一种根深蒂固的传统，尽管有时表面上它似乎已经绝迹。

总体而言，“仁政爱民”的理念，同样也可以作为工具，成为连接伟大的东西方文明的真正价值体。这一精神同样存在于古罗马的共和时代，以及人文主义思想、社会主义思想和现代民主国家中。

注　释

1　19世纪以前意大利半岛使用的硬币的名称。

2　在学术研究方面，博罗梅奥计划设立三个学术研究团体，分别容纳博士、教授及学生，各个团体分别推举其代表。三个团体协同工作，以推进研究、教学和学习。但现实并不尽如人意，三个研究团体中，唯一幸存的是博士院，其余两个研究团体未能充分发挥其作用，且仅在院长和博士们需要时运作。博士院至多包含12位教会神职人员，4位俗家博士参与辅佐。而随着时间推移，博士队伍一度被压缩至寥寥几位神职人员。

3　基金会成立于2008年5月，创办目的是为昂布罗修图书馆的各项事务提供资金支持。

4　参见Pietro C. Marani，Marco Rossi，and Alessandro Rovetta，*L' Ambrosiana e Leonardo*，Novara，Interlinea，1998.

5　Simonetta Conti，"La cartografia europea e l' oriente dal medio Evo al XVI secolo"(《中世纪至16世纪的欧洲制图学和东方情况》)，in Huang Xiufeng and Gianfranco Cretti，*La Cina nella cartografia da Tolomeo al XVII: I mappamondi di Matteo Ricci e Giulio Aleni*(《论中国地图学从托勒密时期到十七世纪：利玛窦和艾儒略的世界地图》)，Brescia，Fondazione Civiltà Bresciana，2011，pp.11-32.

6　Maqbul S. Ahmad，"Kharita"("哈里塔")，in *The Encyclopaedia*

of Islam（《伊斯兰百科全书》），vol IV（第四卷），Leiden，Brill，1997，pp.1077-1083.

7 制作了拉丁文的《若格瑞纳地图》（*Tabula Rogeriana*，1154）。

8 根据中世纪的宇宙观，在每一个地区都有一张用于了解方向的草图。该草图的标题（Al-Qaul ‘ala ma‘arifa ğihat al-qibla min al-buldān）是用拉丁字母音译的原阿拉伯文标题，意思是“解释在不同地方应该朝向何处祈祷[应朝向麦加的方向]”。关于昂布罗修图书馆阿拉伯文手稿的更多信息，参见由昂布罗修博士院编纂的*Catalogue of the Arabic manuscripts in the Biblioteca Ambrosiana*（《昂布罗修图书馆阿拉伯文手稿目录》）。

9 可参见现藏于巴黎法国国立图书馆的*Livre des proprietés des choses*（《物性之书》，1372年法语版），本书作者是Barthélemy Anglais。

10 如郑和于1405年到1433年游历印度、阿拉伯、非洲之前和之后绘制的地图，朝鲜的《混一疆理历代国都之图》（*Honil kangni yŏktae kukto chi to*，约1479—1485）。

11 Rana P. B. Singh，*Italy's role in envisioning Asia*，*Cultures*，*religions and laws in Eastern Asian societies. Federico Borromeo*，*a gaze towards the east*（《意大利在发现亚洲中的作用，东亚社会的文化、宗教和法律，费德里科·博罗梅奥，凝视东方》），Milano-Roma，Bulzoni，2010，p. 30.

12 指乔瓦尼·阿尔瓦雷斯。

13 Pietro Tacchi Venturi (ed.)，*Le Lettere Dalla Cina*，*1580—1610*（《中国来信（1580—1610）》），Macerata，F. Giorgetti，1913，pp.284-285.

14 Giuseppe Gabrieli，“Federico Borromeo e gli Accademici Lincei”（《费德里科·博罗梅奥和意大利猞猁科学院》），*Ex Actibus Pontificiae Academiae Scientiarum Novorum Lynceorum*（《教廷新

猞猁科学院院刊》)，1934（87），p.182.

15 Fabio Cortesi，“Lettere inedited del Cardinale Federico Borromeo a Giovan Battista Faber，Segretario dei primi Lincei”（《枢机主教费德里科·博罗梅奥写给第一任意大利猞猁科学院秘书负责人乔万尼·巴蒂斯塔·法贝尔的未发表的信》)，*Aevum*（《永常》)，1932（6），p.516; Noël Golvers，*Johann Schreck Terrentius*，*SJ. His European Network and the Origins of the Jesuit Library in Peking*（《邓玉函：他的欧洲网络和北京耶稣会图书馆的起源》)，Turnhout，Brepols，2020，pp.447-448.

16 Giuseppe Gabrieli，“Federico Borromeo e gli Accademici Lincei”（《费德里科·博罗梅奥和意大利猞猁科学院》)，*Ex Actibus Pontificiae Academiae Scientiarum Novorum Lynceorum*（《教廷新猞猁科学院院刊》)，1934（87），p.179.

17 参见：Susanna Pasticci，*Bruno Maderna e l’umanesimo possibile*（《布鲁诺·摩德纳和有可能实现的人文主义》)，Milano，del Teatro alla Scala，2015，p.31.

18 “当我研究14世纪至16世纪意大利文艺复兴时期画家的大胆创新时，我觉得有必要在中国找到它的对应物。”参见：E. Lefebvre，” Un chapitre de la réception de la peinture chinoise en France au XXe siècle: note sur François Cheng et Shitao”（《关于20世纪中国绘画在法国的接受情况：对程抱一和石涛的阐释》)，in M. Bertaud e Cheng Pei (a cura di)（编），*François Cheng à la croisée de la Chine et de l’Occident*（《中国和西方的十字路口上的程抱一》)，Ginevra，Droz，2014，p.167.

19 参见：Eugenio Garin，*Interpretazioni del Rinascimento: 1938—1947*（《文艺复兴研究：1938—1947》)，Roma，Edizioni di Storia e Letteratura，1976; Eugenio Garin，*L’ Umanesimo italiano: filosofia e vita civile nel Rinascimento*（《意大利人文主义：文艺复兴时期

的哲学和公民生活》), Bari, Laterza, 1993; Jacob Burckhardt, *La civiltà del Rinascimento in Italia*（《意大利文艺复兴文明》), Domenico Valbusa (trad.)（译）, Roma, Newton Compton Editori, 2020.

20　关于“人文主义”概念的起源，详见：J. Ries, *Incontro e dialogo. Cristianesimo, religioni e culture*（《会面与对话：基督教、宗教和文化》), Milano, Jaca Book, 2009, pp.3-25.

21　Eugenio Garin, *Interpretazioni del Rinascimento: 1950—1990*（《文艺复兴研究：1950—1990》), Roma, Edizioni di Storia e Letteratura, 2009, p.14.

22　Giovanni Reale, *Radici culturali e spirituali dell'Europa. Per una rinascita dell' "uomo europeo"*（《欧洲的文化和精神根基：为了“欧洲人”的重生》), Milano, Raffaello Cortina Editore, 2003, pp.90-91.

23　参见：Colin H. Roberts and T. C. Skeat, *The Birth of the Codex*（《册子本起源考》), London-New York, The British Academy-Oxford University Press, 1983; M. Beit-Arié, *Hebrew codicology*（《希伯来语编纂学》), Jerusalem, The Israel Academy of Sciences and Humanities, 1981.

24　沙列夫·埃尼博士在昂布罗修进行关于抄本的博士后研修时，对这部抄本（B 30-32 inf.）的插画进行了深入研究。2016年5月11日和5月12日两日，在教授马拉基·贝特·阿利埃的组织下，博士埃德纳·恩格尔和努里特·帕斯捷尔纳克参与了米兰的相关研讨会。此次国际研讨会是此类研究中具有开创性的例子，是第一个专门针对个别有特殊价值的抄本进行的研讨会，由昂布罗修学会犹太研究科策划。

25　牧首一般指宗主教。宗主教（拉丁文：Patriarcha），在东正教方面按习惯翻译为牧首，是早期基督教在一些主要城市如罗马、君士坦丁堡、耶路撒冷、亚历山大和安条克的主教的称号。

26 参见：M. Baglio，"Le note di Francesco Petrarca sul foglio di guardia"（《弗朗切斯科·彼特拉克在护页上的注释》），in F. Petrarca，*Le postille del Virgilio Ambrosiano*，*vol. 2*（《维吉尔·昂布罗修的后记，第二卷》），M. Baglio，A. Nebuloni，and G. Velli (a cura di)（编），Roma-Padova，Antenore，2006，p.193.

27 Garin，"Alla scoperta del diverso: i selvaggi americani e i saggi cinesi"（《发现"不同"：美国的野蛮人和中国的圣人》），in Eugenio Garin，*Interpretazioni del Rinascimento: 1938—1947*（《文艺复兴研究：1938—1947》），Roma，Edizioni di Storia e Letteratura，1976，pp.327-362.

28 Shigetoshi Osano，"The Chinese Literati's view of calligraphy and painting (shuhua): A reconsideration of the concept of art in China and Japan"（《中国文人的书画观：对中国和日本的艺术概念的重新思考》），in Gerhard Wolf and Marzia Faietti (eds.)，*The Power of Line*（《线条的力量》），Munich，Hirmer，2015，pp.106-117.

29 谢和耐（Jacques Gernet）认为在宋朝的文艺复兴之前，中国唐朝已经有一种"前文艺复兴"兴起。参见：Jacques Gernet，*La civilization de la Renaissance chinoise*（《中国文明的"文艺复兴"》），Paris，Almand Collin，1972.

30 参见：Vittorio Volpi，*The Visitor. A great Italian master in Asia*（《访客：在亚洲的意大利大师》），Roma，Bulzoni，2013.

31 参见：I. Doniselli Eramo (a cura di)（编），*Giuseppe Castiglione. Un artista milanese nel Celeste Impero*（《郎世宁：天朝的米兰艺术家》），Milano，Luni，2016; M. Musillo，"Trasferimenti culturali e traduzioni artistiche: Giuseppe Castiglione pittore milanese alla corte Qing (1715—1766)"（《文化转移和艺术翻译：郎世宁，清朝宫廷的米兰画家（1715—1766）》），in M. Catto and G.

Signorotto (a cura di)（编）, *l'Ambrosiana e la conoscenza dei nuovi mondi (secoli XVII—XVIII)*（《昂布罗修和对新世界的认识（17—18世纪）》), Roma, Bulzoni, 2015, pp.497-520.

32 参见：Kim Kwang-Kyu, *Faint Shadows of Love*（《模糊的旧爱之影》), London, Forest Books, 1991; Ko Un, *Cos'è?*（《什么》), Roma, nottetempo, 2013.

33 Claudia Pozzana and Alessandro Russo, *Nuovi poeti cinesi*（《中国新诗人》), Torino, Einaudi, 1996.

34 参见：Amartya Sen, *L'altra India. La tradizione razionalista e scettica alle radici della cultura indiana*（《另一个印度：论印度文化根基中的理性主义和怀疑主义》), Milano, Mondadori, 2005. 作者用第八章一整章论述了中印关系，并做出总结："在公元后的第一个千年里，印度和中国从对方身上学到了很多，但这一互相认识的过程并未就此结束，甚至持续到了我们所处的公元两千年之后。"（第193页）

35 Giuliano Bertuccioli e Federico Masini, *Italia e Cina*（《意大利与中国》), Roma-Bari, Laterza, 1996.

36 参见：Guido Samarani, *La Cina del Novecento. Dalla fine dell'Impero a oggi*（《二十世纪的中国：从帝国终结到今天》), Torino, Einaudi, 2004, pp.61-64.

37 相关信息详见：Michela Fontana e Matteo Ricci. *Un gesuita alla corte dei Ming*（《利玛窦：明朝朝廷内一位耶稣会传教士》, Milano, Mondadori, 2005.

38 参见：Giuliano Bertuccioli e Federico Masini, *Italia e Cina*（《意大利与中国》), Roma-Bari, Laterza, 1996, pp.197-204.

39 译者注：指19世纪意大利人民争取民族独立与国家统一的运动，以加富尔的《复兴报》得名。

40 参见：Giuliano Bertuccioli e Federico Masini，*Italia e Cina*（《意大利与中国》），Roma-Bari，Laterza，1996，pp.197-204.

41 参见：Wilt Idema e Lloyd Haft，*Cinese Letterkunde*（《中国文学导论》），1996（意大利语译本：*Letteratura cinese*，Venezia，Cafoscarina，2000，p. 282）.

42 参见：Giuliano Bertuccioli，*La Letteratura Cinese*（《中国文学》），Firenze-Milano，Sansoni Accademia，1968，p.320.

43 参见：Giuliano Bertuccioli，*La Letteratura Cinese*（《中国文学》），Firenze-Milano，Sansoni Accademia，1968，pp.320-321.

44 关于中国文学革命，详见：Lionello Lanciotti，"Letteratura cinese"（《中国文学》），in Oscar Botto (a cura di)（编），*Storia delle letterature d' oriente, vol. IV*（《东方文学史，第四卷》），Milano，Vallardi，1969，pp.165-174.

45 Claudia Pozzana e Alessandro Russo，*Nuovi poeti cinesi*（《中国新诗人》），Torino，Einaudi，1996.

46 译者注：柏拉图在《斐多篇》提到了"第一次航行"与"第二次航行"，其中"第一次航行"是从知觉和经验出发的探索，"第二次航行"代表西方哲学的第一次"形而上之旅"，通过它柏拉图发现了超越经验的"理念"。

47 参见：Schmidt-Glintzer（施寒微），*China. Vielvôlkerreich und Einheitsstaat*（《中国：多国帝国与统一国家》），Monaco，1997（意大利语译本：*Storia della Cina. Dall'Impero Celeste al boom economico*［《中国历史：从天朝帝国到经济繁荣》］，Milano，Mondadori，2005，p.227）. 书中列举了许多例子，首先是从742年至1200年，东南地区的人口增加了695%（第193页）；后来人口增长也经常得到记录，如从1644年至1850年，整个中国的人口（明显扩展到新的地区）从大约1亿增加到4亿3千万。

48 译者注：译文参考了中国文史出版社1997年出版的《四库全书精华》第一卷《集部》（郭超主编），第13页。

49 Giovanni Reale，*Storia della filosofia antica*（《古代哲学史》），vol. II（第二卷），"Platone e Aristotele"（《柏拉图和亚里士多德》），Milano，Vita e Pensiero，1981，p.385.

50 原文引自：René Girault，*Le religioni orientali*（《东方宗教》），Vicenza，Neri Pozza，1995，p.133.

51 参见：Paul Pelliot，*Oeuvres posthumes. L'inscription nestorienne de Si-ngan-fou. ed. with supplements by Antonino Forte*（《遗作：西安府景教碑译注，福安敦整理编校》），Parigi，De Boccard，1996，p.498. 在昂布罗修图书馆曾发现西安石碑的古代复刻（1623—1625），参见：P. F. Fumagalli，"Sinica Federiciana: il Fondo antico dell'Ambrosiana"（《昂布罗修的古物基金》），*Aevum*（《永常》）. 2004（3），pp.725-771.

52 译者注：译文参见西安出版社2009年出版的《景教与〈景教碑〉》（路远著），第322页。

53 参见：Paul Pelliot，*Oeuvres posthumes. L'inscription nestorienne de Si-ngan-fou. ed. with supplements by Antonino Forte*（《遗作：西安府景教碑译注，福安敦整理编校》），Parigi，De Boccard，1996，pp.498-499.

54 译者注：译文参见天津古籍出版社2004年出版的《唐太宗全集校注》（吴云、冀宇校注），第386页。

55 参见：Jean Richard，*La papauté et les missions d'Orient au Moyen Age (XIIIe—XVe siècle)*（《中世纪教廷和东方传教士[13—15世纪]》），Roma，Ecole française de Rome，1998.

56 译者注：历史上，欧洲人把蒙古人称为契丹人，把大蒙古国称为契丹王国。

57 参见：Guillelmus de Rubruc，“Itinerarium”（《东方行记》），in Anastatius van den Wyngaert（a cura di）（编），*Sinica Franciscana*（《中国方济各会志》），vol. I（第一卷），*Itinera et relatione Fratrum Minorum saeculi XIII et XIV*（《十三世纪到十五世纪圣方济各会路线与关系》），Firenze，Quaracchi，1929，pp.164-332.

58 参见：Guillelmus de Rubruc，“Itinerarium”（《东方行记》），in Anastatius van den Wyngaert（a cura di）（编），*Sinica Franciscana*（《中国方济各会志》），vol. I（第一卷），*Itinera et relatione Fratrum Minorum saeculi XIII et XIV*（《十三世纪到十五世纪圣方济各会路线与关系》），Firenze，Quaracchi，1929，p.294.

59 参见：Guillelmus de Rubruc，“Itinerarium”（《东方行记》），in Anastatius van den Wyngaert（a cura di）（编），*Sinica Franciscana*（《中国方济各会志》），vol. I（第一卷），*Itinera et relatione Fratrum Minorum saeculi XIII et XIV*（《十三世纪到十五世纪圣方济各会路线与关系》），Firenze，Quaracchi，1929，p.298.

60 译者注：译文参见中国文史出版社1998年出版的《马可·波罗游记》（马可·波罗著，梁生智译），第193页。

61 Marco Polo，*Il milione*（《马可·波罗游记》），Milano，Nuages，2005，p.134.

62 Michela Fontana，*Matteo Ricci. Un gesuita alla corte dei Ming*（《利玛窦：明朝朝廷内的一位耶稣会传教士》，Milano，Mondadori，2005，p.288.

63 参见：Mario Sabattini e Paolo Santangelo，*Storia della Cina. Dalle origini alla fondazione della Repubblica*（《中国历史：从起源到共和国的建立》），Roma-Bari，Laterza，1966，p.575.

64 M. Ripa，*Giornale (1705—1724)*（《报纸[1705—1724]》），in M. Fatica（a cura di）（编），*Collana “Matteo Ripa”*（《马国贤专栏》），Napoli，

Istituto Universitario Orientale，1991. 另外可参见：M. Fatica，“The Boxer Uprising seen through the Reports sent by Guido Amedeo Vitale to the Italian Newspaper *La Tribuna*”（《从圭多·阿梅德奥·维塔莱寄给意大利报纸〈论坛报〉的报告看义和团起义》），*A Life Journey to the East. Sinological Studies in memory of Giuliano Bertuccioli (1923—2001)*（《东方之旅：纪念白佐良的汉学研究 [1923—2001]》），Kyoto，Italian School of East Asian Studies，Essays 2，2002，p.271.

65 译者注：译文参考了商务印书馆2019年出版的《阎宗临文集》第四卷（阎宗临著），第25页。

译名对照表

A

阿布·阿尔－哈桑·阿尔－马苏迪	Abu al-Hasan al-Masudi
阿尔－贾西斯	al-Giāhiz
阿戈斯蒂诺·卡尔扎瓦拉	Agostino Calzavara
阿威罗伊	Averroës
阿希尔·拉提	Achille Ratti
爱比克泰德	Epictetus
埃德纳·恩格尔	Edna Engel
艾儒略	Giulio Aleni
艾若瑟	Giuseppe Provana
安布罗焦·德·普雷迪斯	Ambrogio de Predis
安布罗焦·马赞塔	Ambrogio Mazenta
安东尼奥·布斯卡	Antonio Busca
安东尼奥·萨沃格南	Antonio Savorgnan
安东尼奥·塞里亚尼	Antonio Ceriani
安杰洛·梅	Angelo Mai
安杰洛·帕莱迪	Angelo Paredi
奥拉齐奥·梅尔齐	Oranzio Melzi
奥利金	Origen

B

巴蒂斯塔	Battista
巴尔托洛梅奥·苏尔迪	Bartolomeo Suardi
巴罗奇	Barocci

巴纳巴 · 奥里亚尼	Barnaba Oriani
拜伦勋爵	Lord Byron
保罗 · 奥斯卡 · 克里斯特勒	Paul Oscar Kristeller
保罗 · 雷维利	Paolo Revelli
贝卡里亚	Becaria
贝内代托 · 托尼尼	Benedetto Tonini
贝萨里翁	Bessarion
彼特拉克	Petrarca
辨喜	Vivekananda
薄伽丘	Boccaccio
柏拉图	Plato
伯立多尔 · 卡齐	Polidoro Calchi
波提切利	Botticelli

D

达 · 芬奇	da Vinci
达 · 伽马	Vasco de Gama
但丁	Dante
德尔毕尼	Delpini
邓玉函	Johannes Schreck
迪奥尼吉 · 布索拉	Dionigi Bussola
迪奥尼吉 · 泰塔曼齐	Dionigi Tettamanzi
蒂博 · 德 · 瑟波瓦	Thibaut de Chépoy
东尼奥 · 奥尔贾蒂	Antonio Olgiati

E

恩里科 · 法萨纳	Enrico Fasana
恩里科 · 鲁道夫 · 加尔比亚蒂	Enrico Rodolfo Galbiati

F

法比奥 · 曼柯尼	Fabio Mangoni
方济各 · 沙勿略	Francis Xavier
费德里科 · 博罗梅奥	Federico Borromeo
菲利普 · 博亚尔多	Filippo Beroaldo

斐洛	Philo
佛弼执礼	Eugenio Zanoni Volpicelli
弗朗切斯科・庇庇诺	Francesco Pipino
弗朗切斯科・德・美第奇	Francesco de' Medici
弗朗切斯科・坎塔加利纳	Francesco Cantagallina
弗朗切斯科・梅尔齐	Francesco Melzi
傅马利	Fumagalli
G	
甘地	Gandhi
高银	Ko Un
哥白尼	Kopernik
葛兰西	Gramsci
格雷高尔	Grégoire
H	
荷马	Homer
亨利・玉尔	Henry Yule
胡安・德・塞戈维亚	Juan de Segovia
J	
吉安・文琴佐・皮内利	Gian Vincenzo Pinelli
加布里埃尔	Gabriele
加富尔	Cavour
贾科莫・莱奥帕尔迪	Giacomo Leopardi
贾科莫・索兰佐	Giacomo Soranzo
加莱亚佐・阿科纳蒂	Galeazzo Arconati
加里波第	Garibaldi
杰拉德・德・克雷莫纳	Gherardo da Cremona
杰拉尔杜斯	Gerardus
金光圭	Kim Kwang-Kyu
金尼阁	Nicola Trigault
景净	Adam-Jingjing

K	
卡拉瓦乔	Caravaggio
卡律布狄斯	Charybdis
卡诺尼奇	Canonici
开普勒	Keplero
坎帕内拉	Campanella
柯拉·迪·里恩佐	Cola di Rienzo
克洛诺斯	Kronos
科西莫·德·美第奇	Cosimo de' Medici
L	
拉斐尔	Raffaello
拉玛克里斯纳	Ramakrishna
拉那·辛赫	Rana Singh
莱昂·巴蒂斯塔·阿尔贝蒂	Leon Battista Alberti
莱利奥·加瓦尔迪	Lelio Gavardi
赖麦锡	Ramusio
蓝穆·莫亨·劳易	Ram Mohan Roy
雷蒙多·鲁尔	Raimondo Lullo
利玛窦	Matteo Ricci
卢布鲁克	Ruysbroeck
卢多维科·安东尼奥·穆拉托里	Ludovico Antonio Muratori
卢克雷齐亚·博吉亚	Lucrezia Borgia
鲁思梯谦	Rustichello
路易吉·福斯科洛·贝内代托	Luigi Foscolo Benedetto
路易吉·格拉玛提卡	Luigi Gramatica
卢伊尼	Luini
罗比亚蒂	Robbiati
洛伦佐·瓦拉	Lorenzo Valla
M	
马可·波罗	Marco Polo
马拉基·贝特·阿利埃	Malachi Beit-Arié

马穆鲁克	Mamelucca
马薛里吉思	Mar-Sachis
马志尼	Mazzini
迈克尔·塞拉里奥	Michele Cerulario
麦哲伦	Magellano
米凯莱·切利贝托	Michele Ciliberto
米开朗琪罗	Michelangelo
摩西·迈蒙尼德	Moses Maimonides
穆罕默德·阿尔伊垂斯	Muhammad al-Idrisi
穆罕默德·本·凯撒·阿尔－伊斯坎达里	Muhammad bin Qaisar al-Iskandarī
穆罕默德·伊本·阿比·巴克·阿尔－法里斯	Muhammad ibn. Abi Bakr al-Farisi
N	
尼科洛·维图里	Niccolò Vetturi
努里特·帕斯捷尔纳克	Nurit Pasternak
O	
欧几里得	Euclid
欧金尼奥·加林	Eugenio Garin
欧里庇得斯	Euripides
P	
帕特洛克罗斯	Patroclus
庞派奥·莱奥尼	Pompeo Leoni
皮埃特罗·库斯托迪	Pietro Custodi
普利莫·莱维	Primo Levi
普罗布斯	Probos
普罗提诺	Plotinus
Q	
乔瓦尼·阿尔瓦雷斯	Giovanni Alvarez
乔瓦尼·安德烈·毕费	Giovanni Andrea Biffi
乔瓦尼·巴蒂斯塔·克雷斯皮	Giovanni Battista Crespi
乔瓦尼·法布尔	Giovanni Faber
乔瓦尼·加尔比亚蒂	Giovanni Galbiati

乔治·梅里斯	Giorgio Melis
乔治·瓦萨里	Giorgio Vasari
R	
荣思彬	Sabrina Rastelli
S	
塞尔维乌斯	Servius
塞拉达	Zelada
塞塔拉	Settala
沙列夫·埃尼	Shalev Eyni
圣昂布罗修	St. Ambrose
圣嘉禄	St. Charles Borromeo
圣索维诺	Sansovino
圣瓦西里大帝	St. Basil the Great
史华罗	Paolo Santangelo
斯库拉	Scylla
T	
泰戈尔	Tagore
提香	Tiziano
托勒密	Ptolemy
托马斯·阿奎纳	Thomas Aquinas
托马斯·博德利	Thomas Bodley
W	
瓦伦提尼安	Valentinian
文森佐·马奇	Vincenzo Marchi
X	
西蒙·马尔蒂尼	Simone Martini
西塞罗	Cicero
小川弘光	Ogawa Hiromitsu
小扬·勃鲁盖尔	Jan II Brueghel
小佐野重利	Osano Shigetoshi
谢和耐	Jacques Gernet

Y

雅各布 · 德 · 阿克里	Jacopo d’Acqui
雅各布 · 维斯康提 · 马乔洛	Jacopo Vesconte Maggiolo
亚历山大	Alexander
亚历山德罗 · 布奇	Alessandro Bucci
亚历山德罗 · 瓦利尼亚诺	Alessandro Valignano
亚里士多德	Aristotle
杨 · 勃鲁盖尔	Jan Brueghel
伊本 · 巴特兰	Ibn Butlan
伊本 · 克达比	Ibn Khurdadhbih
伊本 · 扎比尔	Ibn Jabir
伊拉斯谟	Erasmo
约翰诺罗 · 德 · 里帕	Johanolo de Rippa

Z

朱塞佩 · 伽斯底里奥内	Giuseppe Castiglione
朱塞佩 · 托阿尔多	Giuseppe Toaldo

图书在版编目（C I P）数据

美学、科学与信仰：昂布罗修图书馆跨越400年的探索 / (意) 傅马利著；文铮，张羽扬译. -- 杭州：江大学出版社，2023.9
ISBN 978-7-308-23557-0

Ⅰ. ①美… Ⅱ. ①傅… ②文… ③张… Ⅲ. ①公共图书馆-研究-意大利 Ⅳ. ①G259.546.9

中国国家版本馆CIP数据核字(2023)第038914号

美学、科学与信仰：昂布罗修图书馆跨越400年的探索

［意］傅马利　著
文铮　张羽扬　译

丛书策划　陈　洁　包灵灵
责任编辑　仝　林
责任校对　黄静芬
封面设计　林智广告
出版发行　浙江大学出版社
（杭州市天目山路148号　　邮政编码　310007）
（网址：http://www.zjupress.com）
排　　版　杭州林智广告有限公司
印　　刷　杭州高腾印务有限公司
开　　本　880mm×1230mm　1/32
印　　张　5.5
字　　数　100千
版 印 次　2023年9月第1版　2023年9月第1次印刷
书　　号　ISBN 978-7-308-23557-0
定　　价　68.00元

审 图 号　GS(2022)5273号

浙江大学出版社市场运营中心联系方式：0571-88925591；http://zjdxcbs.tmall.com